目　录

前言 ……………………………………………………………………（1）

重视出版介绍海外经济管理运作的图书

　　——就一套丛书的出版答中央人民广播电台

　　记者问 …………………………………………………………（1）

电子出版物经营活动的准绳

　　——学习《电子出版物管理暂行规定》 …………………（6）

再接再厉，为出版事业做出新奉献

　　——在首届"全国百佳出版工作者"表彰大会上的发言 …（9）

社科出版社今后的奋斗目标和办社思路 ……………………（12）

传播学术经典　关注大众阅读

　　——答《光明日报》记者问 ………………………………（22）

2001 年，我们怎么办 …………………………………………（25）

社网合作：1 + 1 > 2

　　——就社网联合出书与徐贝一起答记者问 ………………（28）

小众学术，大众阅读 ……………………………………………（31）

以"7 · 16 讲话"精神为指导，进一步做好哲学

　　社会科学图书出版工作 ……………………………………（34）

严格遵守政治纪律，把好图书出版政治关 …………………（39）

以十六大精神为指导,加快出版业的发展 ……………………（46）

出版工作积累的基本经验和新时期的任务

　　——学习十六大报告的体会 ………………………（50）

关于办好社科出版社的几点想法 ………………………（57）

在文化体制改革中繁荣学术图书出版

　　——答《中国社会科学院院报》记者问 ……………（61）

树立品牌,强化管理,拓展市场 ………………………（64）

刹住伪造引进版图书的歪风 ………………………（68）

做客新浪网谈假造引进版图书问题 …………………（73）

就出版社发展思路等问题答网友 ……………………（84）

今后五年发展的总体思路 ……………………………（94）

人民出版社期刊改革的部署 …………………………（98）

学习十五大精神,开创人民出版社工作的新局面 …………（102）

浅谈出版社内部管理改革 ……………………………（106）

过去改革的情况和下一步改革的思路 ………………（113）

我们是怎样改进出版社工作的 ………………………（119）

出版社目标管理责任制浅论 …………………………（125）

回忆人民出版社的改革 ………………………………（148）

选任社长的几点浅见 …………………………………（155）

《周恩来与知识分子》书稿初审意见 …………………（160）

《干部之友丛书》:益友和知音 ………………………（163）

生活方式

　　——一个新课题的探索 …………………………（165）

评《民主宪政新潮——宪法监督的理论与实践》…………（168）

《日出东方——北京和上海的文化精神》书稿终审意见 …（171）

《许世友外传》书稿终审意见………………………（174）

《现代中国文化的构建——胡适文化思想论析》

　　书稿终审意见 …………………………………………（178）

品尝"西典"的原汁原味

　　——在英文版《西学基本经典》首发式上的讲话…………（182）

儒家传统的现代诠释

　　——《东亚价值与多元现代性》一书简介 ………………（185）

展现西方现代思想的一套丛书 ……………………………（187）

《论智慧》:成功解析了一个重大难题 ……………………（189）

率先系统阐述互联网危害及防范对策的警示之作 …………（191）

镜头里的大千世界 …………………………………………（194）

国产销售学理论走向国际 …………………………………（196）

骄人的业绩,优良的传统

　　——纪念社科出版社建社 25 周年 ………………………（199）

批驳"对伪书《没有任何借口》的辩解"……………………（203）

五年拼搏,创造业绩 ………………………………………（207）

1999—2005 年社科出版社学术著作出版回眸 ………………（213）

坚决制止虚假图书,营造诚信出版环境

　　——回忆打击伪书 ………………………………………（221）

从《变化》的一缕风波谈起 ………………………………（227）

《邓小平文选》出版纪事 …………………………………（232）

《世界文明大系》问世前后 ………………………………（238）

后记 …………………………………………………………（243）

前　言

　　摆在读者面前的这本小书，收入的都是有关图书出版工作的文章。

　　从 1983 年到 2005 年，我先后在人民出版社和中国社会科学出版社工作了 22 年，在职的大半生献给了出版事业。其间，因为工作的要求，曾经编辑书稿，草拟文件，讲话报告，座谈发言，汇报工作，接受采访，发表文章，不知不觉中形成了许多文稿。当时，因为觉得这些文字都属"下里巴人"，登不得大雅之堂，加之工作繁忙，无暇他顾，所以从未留意保存，更没想过将来要结集出版。退休以后，有了闲暇，为了留作纪念，也为了写回忆文章参考，我就开始搜集过去的文稿，没想到居然找出了十多万字。由于数字化技术，过去无心保留的文字现在大部分还存储在互联网和单位的电脑中。重新审视这些文稿，感到很亲切，倒不觉得全无出版价值了。于是在我的脑海里就产生了结集出版的念头。经过半年多的努力，对这些文稿进行了仔细筛选和加工整理，又添了 8 篇新作，凑成了这本文集。

　　文集的内容大致分为四个部分。第一部分 20 篇，是有关图书出版工作基本理论的言论，涉及出版的宗旨、方针、导向、纪律、职业道德、经营方略、"两个效益"的关系等；第二部分 8 篇，是有关出版社内部改革的思考，涉及出版社的领导体制、干部选拔、内设机构、管理机制、竞争机制、激励机制、经营范围等；第三部分 14 篇，是书作评介，包括书稿审读意见、书评和书介，这些评介都是着重从著述水平、出版价值和出版信息的角度而言，所涉之书多是在某种意义上的开先之作；第四部分 8 篇，是有别于前三部分内容，但仍与出版相关的散记、杂谈、回忆录。上述 50 篇文章大都未曾发表过。

文集中的话语是本人工作于基层，大都结合出版社的实际工作而陈，因此只能算是"絮语微言"，加之多已时过数载，不会有多大的影响力和作用。然而，有些内容似乎仍不失现实意义，话语中承载的信息有些也尚未过时。由于结合出版社工作实际，某些内容还可能对基层出版工作具有一定参考价值。文稿因为多是在两家有代表性的出版社工作期间写作的，想必能够反映这段时期基层出版工作的大致状况，从而也可为我国出版业的历史留下一点儿足迹。此外，据我所知，出版人都忙于"为他人作嫁衣裳"，因为工作缠身，指标压人，加之不少人对本职工作的研讨文章妄自菲薄，以至于类似本文集这种出于基层、言说出版的书籍现在所见甚少，本书似乎还可些许弥补这一方面之不足。

由于本人对出版工作钻研不深，写作水平也不高，书中难免有不妥甚至错误之处，敬请方家批评指正。

作者

2011 年 7 月

重视出版介绍海外经济管理运作的图书

——就一套丛书的出版答中央人民广播电台记者问

问：近两年，人民出版社陆续出版了一套丛书，名为《海外经济管理运作丛书》①，这套书在社会上产生了较大反响，受到读者特别是经济管理人员的广泛好评，请问张树相副总编：这套书的内容范围是什么？

答：这套书是中国工业经济联合会会长吕东和中宣部常务副部长徐惟诚主编，由我们人民出版社出版的重点丛书，到现在已出版了两批近三十种。它的内容范围是有关海外经济领域各行业在管理方面的先进运作方法、实操经验的知识。比如股份公司是怎么具体运作的、银行是怎么具体运作的、公司的财务是怎么簿记核算的、市场中的劳资关系是怎样处理的、企业员工的激励机制是怎样的、保险是采用什么办法和怎样起保障作用的、个人所得税是怎么规定并收缴的、股市是怎么运行和操作的、股票现货与期货是怎样交易的、广告的发布流程和规定是怎样的、连锁店（如麦当劳）是怎么运转和经营的、住房

---

① 该丛书出版后，于1993年荣获第七届中国图书奖，于1994年荣获全国图书"金钥匙"奖优胜奖。

制度是怎样规定和实施的，市场经济中的信用是怎么维系的，等等，都在本丛书的内容范围之内。

问：你们推出这套丛书出于什么考虑，其目的、意义是什么？

答：大家知道，我国的市场经济管理水平很低，对于在市场经济条件下如何管理好经济，大多数人还很陌生，为了尽快发展我国的经济，增强国力，提高人民生活水平，当前迫切需要借鉴和吸收发达国家或者搞得成功的发展中国家已有的先进管理经验和行之有效的做法，大量经济工作者、企业管理人员特别急切地需要学习借鉴海外经济管理的实际运作经验和做法。这套"海外经济管理运作丛书"就适应了这种需要。邓小平同志也指出："我们要学会用经济方法管理经济。自己不懂就向懂行的人学习，向外国的先进管理方法学习。不仅新引进的企业要按人家的先进方法办，原有企业的改造也要采用先进的方法。"① "社会主义要赢得与资本主义相比较的优势，就必须大胆吸收和借鉴人类社会创造的一切文明成果，吸收和借鉴当今世界各国包括资本主义发达国家的一切反映现代社会化生产规律的先进经营方式、管理方法。"② 我们出版这套"海外经济管理运作丛书"就是为了贯彻邓小平同志的指示，适应我国经济管理的上述迫切需要，为人们学习市场经济提供一些帮助。当然，仅靠这套书提供这样的帮助是远远不够的，我们希望这套书能够抛砖引玉，通过示范效应引来更多更好的同类图书，以使这一帮助更加有力和有效。这是我们出版这套丛书的目的之一。当前出版这套丛书还有一个目的，就是希望能够有助于我

① 《邓小平文选》第二卷第 143 页，人民出版社 1983 年版。
② 《邓小平文选》第三卷第 373 页，人民出版社 1993 年版。

国同海外经济的联系。开放，就要同外国人打交道、做生意，就需要有互相的了解。不了解，有些机会就抓不住；格格不入，有些生意就做不成；不熟悉对方的运作机制，有些钱就赚不了，还可能由于对事物的不同理解而产生纠纷。我们出版这套书，也是意在促进中国经济与海外经济的联系和接轨。我们相信，随着对外开放的扩大，出版这样一套丛书的必要性和意义将会显现得越来越清楚。

问：近些年国内新出版的海外经济管理类图书似乎不少了，这套丛书相比之下有什么特点？

答：这套丛书的主要特点在于"运作"。它不是长篇累牍地讲述经济理论，也不是把着重点放在概念、原则的介绍上，而是尽可能地写实，尽可能深入到经济的运行和操作过程中去，把各种相关制约因素之间的关系最客观地描述出来。它强调介绍实际的经验和做法，越具体越好，但它的任务不在于评定各种经验和做法的优劣，只是希望在介绍情况时尽可能把背景条件说清楚，以便于阅读者分析参考。目前国内新出版的海外经济管理类图书确实已有不少，但专门写"运作"的并不多，特别是有关的丛书更少见。这套丛书还有一个特点，就是篇幅短小，每种书一般在五万字至十万字之间，内容都是"干货"，没有水分，读起来负担不重，比较贴近基层读者。

问：人民出版社是以出版马列著作、国家领导人著作和高端政治类、学术类图书著称的，我们注意到，近几年也出版了一些像《运作丛书》这样的内容通俗务实的大众读物，你们把这类图书放在怎样的地位？

答：我们把精品大众读物与高端政治类、学术类图书放在同等重要的地位。人民出版社是国家政治书籍出版社，对关乎国家和人民利益的、有利于社会主义事业的重要选题，无论是学术理论的还是通俗务实的,只要是写得精妙,又在我社的分工范围之内,我们都重视。特别是像《运作丛书》这类在我国经济转轨后迫切需要的、有助于我们借鉴海外先进管理方法的大众读物,今后要更加重视,争取多出版一些。这是我们义不容辞的责任,是我们坚持"为人民服务,为社会主义服务"出版方针的重要体现。

问:组织出版介绍海外经济管理运作知识的图书,似乎不是很容易,你们费力不小吧?

答:组织出版这套丛书的确是一件不容易的事。主要困难是缺少作者。这是因为:其一,国内熟悉海外经济管理实际运作的作者很少,而这很少的人又都很忙。其二,有条件的学者一般对这种浅显的通俗小册子看不上眼,因为一不能借以评职称,二不能借以增名气。其三,此类书需要搜集资料,调查研究,所花工夫不比撰写学术著作少,可谓事倍功半。由此可以想象组织这套书的难度。但是我们没有在困难面前退缩。为了完成此套丛书的出版任务,并且保证较高质量,在中宣部和丛书主编的指导、组织下,召开了多次由经济界、大学和研究单位专家学者参加的座谈会,依靠集体智慧策划选题,我社全力以赴,组织一批最有经验的编辑多方寻觅作者。因为要求作者必须对海外相关情况有实际的了解,所以我们多在有海外经历的人员中挑选。在大家的共同努力下,这套丛书终于成功面世。

问:这套丛书价钱很便宜,有的品种定价只有四块多钱,出版社有经济效益吗?

答:我们出版图书,追求的是两个效益,一个是社会效益,一个是经济效益,社会效益是被放在首位的。这套丛书的组织出版,因为难度较大,花费的成本应该说是比较高的,但定价却很低,这主要是出于社会效益的考虑。就是为了使读者买得起，希望更多的读者买去阅读，让好书产生尽量广泛的社会影响，发挥更大的社会效益。实践证明，我们这样做，使本套书赢得了更多读者的青睐，也获得了中央领导的好评，取得了较好的社会效果，这是我们首要的追求。当然，在争取社会效益的同时，我们也重视经济效益，这套书的营销策略是薄利多销，定价虽低，但销量较大，也还是能赚一些钱。

《运作丛书》的成功，要感谢中宣部、各位作者、有关专家学者和广大读者的支持。

1993 年 6 月 3 日

电子出版物经营活动的准绳

——学习《电子出版物管理暂行规定》

当作为出版业前导的电子出版在我国初兴的关键时刻，新闻出版署近期适时地颁布了《电子出版物管理暂行规定》（以下简称《规定》）。这一文件对电子出版物的内涵和形态、电子出版物管理部门及其职责、电子出版物经营活动的基本法律依据和社会政治导向、电子出版物应禁止的内容范围、国家对电子出版物经营的总管理制度、电子出版物经营各环节的规范以及违规的罚则等，都作了明确的规定，是当前我国电子出版物经营活动的准绳。

《规定》的内涵十分丰富，我体会其要义至少有四。

其一，《规定》的主旨是为了促进电子出版事业的健康发展和繁荣，这一点在条文中有明确的表述，并且体现于整个《规定》的字里行间。《规定》中的各项条款，都不是为电子出版物的经营设置障碍而限制其发展，而是加以规范，将其纳入正确的轨道。这恰恰是为电子出版业的发展铺平道路。《规定》的这种意图十分明显。那种只从"卡"的意义上对《规定》的理解是片面的。

　　其二，《规定》指明了电子出版物经营活动的政治方向和社会效益准则。我国的电子出版事业是社会主义精神文明建设的重要组成部分，从事电子出版物的经营活动，不能违背正确的导向。这一点，在《规定》的第四条中有明确的表述，即"电子出版物经营活动应当遵守宪法和有关法律、法规，坚持为人民服务和为社会主义服务的方向，传播有益于经济发展和社会进步的思想、文化和科学技术知识"。《规定》还明确了含有七类有害内容的电子出版物禁止经营。有关政治方向和社会效益准则的这些规定，是我国电子出版事业健康发展的根本保证。

　　其三，把电子出版事业纳入政府行政管理的轨道。电子出版事业作为文化事业的组成部分，与其他文化事业一样，必须在政府的统一行政管理之下，不能自由放任，散滥无序。《规定》突出地体现了这一点。条文中载明了电子出版物行政管理部门及其职责；规定了"国家对电子出版物出版、复制、进口、批发、零售和出租，实行许可证制度"，意即电子出版物各环节的经营活动必须经由国家有关行政管理部门的许可；还规定了各环节经营单位的审批程序和经营活动的审批手续。这些规定从组织制度上保证了电子出版事业的健康有序运行。

　　其四，严格禁止和惩罚电子出版物经营活动中的违法行为。这是《规定》的重要精神之一。要使电子出版业健康有序地发展，不严格禁止和惩罚经营活动中的违法行为是根本不行的。《规定》对此给予了充分重视，列了八条罚则，对各种违法行为如何惩罚都作了明确规定。这些规定应当引起电子出版物经营者的高度注意。

　　《电子出版物管理暂行规定》是我国第一部关于电子出版物

管理的全面的法规性文件，它必将对我国电子出版业的发展起到强有力的规范和促进作用，电子出版界应当认真学习和领会这个《规定》，并且自觉地遵照执行。

原载《中国电子出版》1996 年第二期

再接再厉，为出版事业做出新奉献

——在首届"全国百佳出版工作者"表彰大会上的发言

各位领导，各位同志：

在党的十四届六中全会刚开过不久，社会主义精神文明建设之风更加强劲的时候，中宣部和新闻出版署委托中国版协评选出了首届"全国百佳出版工作者"。包括我在内的全国一百名在出版战线上工作的同志，被荣幸地授予了"全国百佳出版工作者"的光荣称号，并参加在这里举行的十分隆重的颁奖大会。我怀着激动的心情，受托代表全体获奖者向中宣部、新闻出版署和中国版协的领导，向参与这次评选工作的各位评委，向直接培养和推荐我们的各单位的领导和同志们表示衷心的感谢！我也受托代表获奖者在这里表达一下我们的心曲。

"全国百佳出版工作者"的光荣称号，是上级领导对我们百名出版工作者工作成绩的高度评价，是党和人民给予我们的崇高荣誉。当领受这一评价和荣誉的时候，我们真有些惴惴不安之感。

感到不安的，首先是，我们取得的成绩与"全国百佳出版工作者”的荣誉不大相称。因为我们知道，我们过去仅仅是做了应该做的一点工作，所取得的成绩是微不足道的。我们的工作距离党对出版业、对社会主义精神文明建设事业的要求还相差甚远。做了这点事，组织上就给了我们这么高的荣誉，确实有点不敢当。其次是，在荣誉上仅突出了我们很少一部分个人。因为我们知道，过去我们所取得的成绩，虽然有自身努力的原因，但它绝不仅仅是我们个人奋斗的结果。应当说，我们的每一点成绩，每一点进步，都离不开党的培养和教育，都离不开中宣部和新闻出版署的正确领导，都离不开出版战线广大职工的支持。因此，成绩和荣誉不应仅属于我们个人，而应主要归于党，归于群众。

既然组织上授予了我们“全国百佳出版工作者”的光荣称号，我们只能作这样的理解：这是党和人民对我们的鞭策，是党和人民对我们寄予了更大的期望，是党和人民给我们提出了更高的要求。在这个称号面前，我们没有任何理由沾沾自喜，不能有任何自满自足的想法。我们只能从零开始，再接再厉，步入新境界，做出新奉献，决不辜负党和人民对我们的殷切期望和要求。

“全国百佳出版工作者”的称号，不仅代表着一种荣誉，它还意味着使命和责任。当我们被授予了这个称号的时候，我们每个人都懂得它的意义和分量。我们都深知，自己所从事的出版工作是社会主义精神文明建设的重要组成部分，它担负着为广大人民群众提供良好的精神食粮，营造健康的精神生活，以科学的理论武装人，以正确的舆论引导人，以高尚的精神塑造人，以优秀的作品鼓舞人，培养有理想、有道德、有文化、有纪律的社会主义公民，提高全民族的思想道德素质和科学文化素质，推动社会走向文明的重任。作为一个出版工作者，特别是作为一个被授予了"百佳"称号的出版工作者，不能不感到自己肩上责任的重大。我们一定不能辱没自己的责任和使命。要践履这一责任和使命，对我们来说，最重要的是，必须坚持为人民服务、为社会主义服务的正确出版方向；必须加强自己的职业道德修养，把自己塑造为人类灵魂的工程师；必须增强精品意识和质量意识，多出好书，把最精美的读物奉献给人民做精神食粮。只有这样，我们才配得上"百佳"称号。

在党的十四届六中全会精神的指引和鼓舞下，当前出版战线形势喜人，这正是我们出版工作者大显身手的时候。我们在这里向组织保证，我们一定要在新形势下继续发愤图强，开拓进取，用更加优异的成绩回报给了我们巨大关怀和崇高荣誉的党和人民。

谢谢大家！

1996 年 12 月 27 日

社科出版社今后的奋斗目标和办社思路[*]

我们这次工作会议的主要任务，是贯彻 1999 年度社科院工作会议精神，总结过去办社的经验，研讨和确定我社今后 5 年的发展目标和办社思路，安排 1999 年的工作。

院工作会议召开前夕和闭幕以后，我们在抓紧日常工作的同时，一直在积极准备这次社工作会议。这段时间，我们曾发动大家就出版社的工作提出书面意见和建议。结合传达院工作会议精神和李铁映同志 1 月 14 日来社讲话，组织大家就"社科出版社今后 5 年的奋斗目标和办社思路"这一题目展开讨论。同时还就我社 1999 年各部门目标管理责任制方案和机构调整方案征求大家意见。在此基础上，社领导班子就"社科出版社今后 5 年的奋斗目标和办社思路"及 1999 年度工作计划也进行了反复讨论，达成了共识，形成了文件草案。我们这次工作会议就是在作了上述充分准备之后召开的。现在，我代表社领导班子就我社今后 5 年的奋斗目标和办社思路讲一些意见，提请大家讨论。

---

* 这是在中国社会科学出版社工作会议上的讲话。

一 社科出版社的地位及面临的挑战和机遇

中国社会科学出版社作为中国社会科学院创办并主管的以人文社会科学类图书为主的出版机构，自 1978 年成立以来，以作为社科院学术成果展示窗口为己任，坚持为科研服务，共编辑出版了反映社科院及国内外人文社会科学界学者优秀成果的各类学术图书 3000 余种，在国内外产生了广泛的影响，在读者中也享有很高的声誉。广大读者一提及社科学术著作，特别是中国人自己的学术专著，就首先想到了社科出版社。可以不夸张地说，经过全社同人 20 年来的艰苦努力，社科出版社已成为一个具有一定规模的、有很高品牌价值的出版社，并成为荣获中宣部和新闻出版署首批表彰的 15 家优秀出版社之一。

但是，目前社科出版社也面临着严峻的挑战，潜伏着很大的危机。

现在中国和世界出版业发展都很快。在市场化改革中，国内出版社如雨后春笋般大量涌现，图书市场竞争日趋激烈。随着入关的临近，国外出版社也开始抢占中国图书市场，国内出版业以外的资本更是纷纷涌入出版业，这就更加剧了图书市场的竞争。我们社科出版社由于历史的原因，职工多，家底薄，没有经济实力，在专业分工上也没有经济效益上的优势，激烈的图书市场竞争形势，无疑是对我社的严峻挑战。从社科院取消对我社的补贴以来我社陷入的困境来看，这种挑战已使我社处于被动局面，如不迅速采取措施，我社将有可能跌入谷底，难以翻身。

然而在挑战面前，我们不应当自馁，社科出版社和其他出版社一样，在受到挑战的同时，也面临着发展的机遇。这种机遇，主要来自三个方面。

其一，知识经济的到来，为专事知识产品生产的出版业带来了光明前景。知识经济不仅从根本上明确了出版业的产业地位，也为出版业提供了丰富的出版资源和广阔市场。这无疑使出版业，也使我社获得了难得的发展机遇。

其二，在世界将进入 21 世纪之际，人类社会正经历着一场广泛而深刻的变革，社会科学将进入一个活跃期。历史经验表明，每当社会发生重大变革的时期，作为人类认识世界、改造世界和发展人类自身的一种强大手段的社会科学就显得特别活跃，可以断定，在 21 世纪，社会科学将有一个大的发展。这对于以出版人文社会科学类图书为主的我社来说，也是一个走向新生的机遇。

其三，出版社发展的宏观条件看好。当前我国的改革正在攻坚，发展也在大步推进，宏观经济条件逐步改善，社会主义市场逐步发育，这无疑会为出版业，也会为我社的发展营造更好的宏观环境，带来更新更大的发展契机。

综上所述，处在世纪之交的社科出版社，既面临着自它成立以来最严峻的挑战，也面临着发展的大好机遇，可以说机遇与挑战并存。作为一个有责任感的社科出版社职工，在挑战与机遇面前，应当采取的正确态度是：抓住机遇，迎接挑战，在市场竞争的大风大浪中扬起风帆，重振雄风，一往直前。

二　社科出版社最近五年的奋斗目标

要把社科出版社的工作推向前进，首先必须确定奋斗目标，既要确定长远目标，又要确定近期目标。我们的近期目标即 1999

年的目标已经确定了，这已写在《社科出版社 1999 年工作计划》之中，我们的长远目标以 5 年为期限，今后 5 年即 1999 年至 2003 年要实现：

1. 每年出书品种要在 250 种以上，5 年出版书总数达 1500 种；重印书比例从目前不到 10% 达到 40% 以上。

2. 要保证至少 5 种书、力争 10 种书荣获国家级大奖。

3. 出书码洋从目前的 ×××× 万元达到 ×××× 万元，在 1998 年的基础上翻两番；年利润达到 ××× 万至 ×××× 万元；年人均收入比 1998 年增加一倍以上。

4. 全部实现办公自动化，建成包括选题、编辑加工、设计、排版、校对、出书、入库、发行、记账各个环节都在内的微机管理系统，实现与社科院网络中心的联网，并且加入国际互联网，在网上交换信息，在网上销售图书产品。全面改善办公条件，做到办公设备现代化，工作环境幽雅舒适。

5. 要彻底改变现行的带有计划体制色彩的事业单位管理模式，建成现代企业制度，实现全面企业化管理。资本运营实行股份制，劳动管理实行合同制，收入分配允许各种生产要素的参与，并直接与效益挂钩，医疗养老保险完全社会化。

6. 总的目标是：要在五年内把我社建成书刊并举，多种经营，管理科学，效益一流，收入上等，品牌驰名的国内强社。

三　社科出版社发展的几个战略要点

要实现上述奋斗目标，把社科出版社越办越好，必须明确我们的战略。我们认为，构想我社的发展战略应当把握如下几个要点：

1. 全面推行企业化管理。产业化是出版业发展的大趋势，企业化管理是世界各国出版社通行的模式。我国出版社现行的事业单位管理模式不适应出版业产业化发展的要求，不利于出版社发展壮大，迟早是要改变的。我们应当审时度势，及早坚决地改革我社的现行管理体制，使之向企业化管理体制转变。1999 年院工作会议关于管理体制改革的精神完全适合我社。铁映同志今年 1 月 21 日在关于我社简介的材料上指示我们"按现代企业制度的原则办社"，也是要求我们朝企业化管理方向努力，我们应当认真贯彻这一指示。

2. 图书出版要面向市场，贴近读者。图书虽然是精神产品，但在市场经济条件下，也要进入市场流通。图书在市场上好卖不好卖，读者愿不愿意买，直接决定图书生产的社会效益和经济效益。你出版的书在社会上没人买，谈何社会效益和经济效益？出版社何以生存？因此，面向市场、贴近读者是在市场经济条件下对图书生产的规律化要求，是出版社在激烈的市场竞争中立足的保障。我们时刻都不能忘记这一点。考察实力强的出版社的经验，无一例外地遵守这一经营战略。而我社这方面做得远不如人，必须狠下工夫。

3. 规模化经营。这里所说的规模，包括图书品种的规模、单品种发行量的规模和系列阵势规模。是否注意规模化经营，是出版社成败的关键。首先品种要达到一定规模，一个出版社特别是大出版社，出书品种太少，不可能有大的效益和影响。我社是以出学术著作为主的较大型出版社，现在每年出新书仅 200 种，品种较少。学术著作发行量小，这么少的品种，很难取得较高的经济效益，因此我们必须适当增加品种，扩大品种规模。根据我社的生产能力和职工人数，年出书应扩大到 × × × 种至 × × × 种为宜。其次是每个品种的发行量达到一定规模。

目前我社80%的品种发行量都在三五千册，这就没有经济规模可言，必须优化出书结构，开发有大发行量的图书品种。其三是要造成系列阵势规模。一种书，单本推出，没有阵势，不易扩大发行量，往往效益低；而如果与其他书构成系列，一起推出，就能产生规模效应，从而取得好的效益。我们一定要讲究以上三个方面的规模化经营，惟其如此，才能把出版社效益搞上去。

4. 依托社科院办社。中国社会科学院是我社的主管单位，我社的出书范围又是社科类图书特别是学术著作，而社科院是我国社会科学研究的大本营，那里有众多一流的社会科学研究人才，蕴藏着丰厚的社会科学知识信息资源和出版资源，这是办好社科出版社得天独厚的条件和可靠的依托，对此我们必须有充分的认识。我们一定要继续坚持为人文社会科学研究服务的办社宗旨，要主动争取中国社科院领导的支持，积极寻求中央和地方各科研院所的合作，在信息、选题、审稿乃至资金方面充分依靠、利用中央和地方社科院的优势。这是办好我社的根本条件之一。

5. 调整出书结构，拓展出书范围。目前我社出版的图书90%是社科类学术著作，这种出书结构过于单一，因为学术著作发行量小，势必严重制约经济效益的提高，长此下去，在市场经济条件下，我社将很难生存。因此必须调整出书结构，适当减少学术著作的比例，增加非学术类大众化读物的比例。为此必须大大扩展我社的出书范围。固然，在原来的专业分工范围内改变出书结构，增加大众化读物大有文章可做，但出书范围毕竟受到很大限制，因此有必要申办一个副牌社，把我社的出书范围大加拓展。经社委会研究，并征求大家的意见，我们已拟定了一个副牌社名，并打了报告向主管部门提出申请。

6. 要千方百计地开发拳头产品。一个出版社要立足于激烈竞争的市场，首要的问题是要开发自己的拳头产品。所谓拳头产品，就是社会效益和经济效益高度统一的长期好销的精品图书。凡有实力的出版社，都毫无例外地拥有自己的拳头产品。在开发拳头产品方面，我社做得很不够，今后必须全力以赴。根据我社的实际和可能，我们应当开发哪些类别的拳头产品呢？我们认为，一类是像人民出版社《中国通史》、《世界通史》那样的学术精品，一类是像商务印书馆《现代汉语词典》那样的权威性工具书，一类是像外研社《许国璋英语》、《新概念英语》那样的普及类教科书，还有一类是外国的人文社科类经典名著。如果抓好了这几类拳头产品的开发，社科出版社就将大有希望。

7. 书刊并举，多种经营。世界出版业发展趋势表明，期刊类读物已占各大知名出版集团利润的一半以上。国内的大出版社，如人民出版社、商务印书馆、中华书局、人民文学出版社、三联书店等都办有自己的期刊。《新华文摘》年利润300万元，占人民出版社全年总利润的一半以上，《青年文摘》年利润占中国青年出版社年利润的2/3。而这两个期刊的人员都只占本社人员的20%。可见，期刊对出版社来说是多么重要。要想使我社增强实力，必须把期刊作为经济支柱之一。为此，我们要积极申办期刊。除此之外，我们还要发展多种经营，把科文公司逐步做大，还拟注册新的公司，千方百计寻找和培育新的经济增长点。

8. 加强图书的营销策划、宣传力度和宣传投入。图书的营销策划特别是宣传，是出版社经营成败的关键，现代企业无不把营销策划包括广告宣传纳入经营方略，出版社也不例外。国外出版社都设有营销策划部。凡是经营好的出版社，它们对图书的营销策划、广告宣传都是重视的，也是做得好的。市场上的畅销书，除了其内容能抓住读者之外，营销策划特别是宣传策划和投入也起了很大作用。《学习的革命》如果不是科利华公司巧妙的策划和大量宣传投入，不可能有那么大的发行量。因此我们应当认真借鉴别人的经验，把图书的营销策划、广告宣传作为经营之重。图书的营销策划包括对定价、折扣、发行渠道和宣传的全程策划，我们一定要逐环节仔细地研究谋划。特别是宣传策划更需要加强。为此，我社设立了宣传策划室，拟增加宣传力度和宣传投入，我们要求每月在报刊上都能见到我社图书的宣传推介，充分利用封面、勒口、扉页、环衬宣传推广我社的图书，今年的宣传费用至少要达到发行总码洋的1%，以后还要逐年增加。

四　我社深化改革、加强管理的几个方面

深化改革，加强管理，苦练内功，是当前国有企业摆脱困境的出路所在，也是我社求生存和发展的根本办法。我社深化改革、加强管理应着重从以下几个方面进行。

1. 按企业化要求改革领导体制，调整机构设置。出版社企业化，这是大势所趋，我国的出版社迟早要和国外一样，成为无主管单位、无主办单位的自负盈亏的、自行承担民事责任的独立法人实体和竞争主体。这就要求建立一种适应市场竞争的，既有高度集中统一又保证民主的领导体制和符合图书生产规律的分工明确、设岗合理、工作高效的组织机构。而现行领导体制和机构设置在很大程度上带有计划体制和事业单位的色彩，必须进行改革。在领导体制方面，将来随着对出版社的企业制

改造，要实行董事会领导下的社长（经理）负责制。在此之前，实行社长负责制是最佳选择。院党组已批准我社实行社长负责制，我们要认真贯彻执行。在机构设置方面，对我们这种正规出版社来说，编辑、出版、发行三大直接生产环节都要设置独立部门，为此我们恢复了出版部，以便于对图书设计、印制、定价、印数、生产成本的集中统一管理。出版社走向市场，发行工作带有先导性，因而发行部变得极为重要，今后要健全发行部，加强发行部力量，特别是要建立营销宣传策划机构。非直接生产部门，要尽可能合并，减少人员编制。我们拟将机关党办、人事处、行政办公室合并为综合处，合署办公，这是合理的和必要的。

2. 深化人事和劳动用工制度改革，推行全员合同制，逐步打破干部和专业技术人员事业性等级管理制。出版社现行的人事和劳动用工制度基本上是事业性质的。对管理干部，仿照政府机关将他们分为若干级别，并按级别设置工资、待遇，定期晋升工资，享有终身。对专业技术人员，则按职称级别设置和晋升工资、待遇。劳动用工虽然有合同，但不是真正的能辞能换的合同制，仍为变相的终身制。这种人事和劳动用工制度很不利于调动员工的积极性，将来一定要改变。企业应当没有干部和工人的分界，管理人员和专业技术人员都没有终身的固定的级别，工资待遇依岗而定，因岗而异，在岗就给岗位工资，不在就不给。企业对所有人员都择优聘用，每个人都要竞争上岗，并且能上能下，能进能出，任何职位都不是终身的。这种管理制度，使人人有压力，人人不敢怠工。出版社作为企业，将来必然要实行这种管理制度，我们应朝着这一目标逐步进行改革。

3. 强化目标管理，改革收入分配制度，建立强有力的激励机制。在现行管理体制下，责任不清、负荷不满、奖罚不明、吃"大锅饭"现象在出版社仍严重存在，这是与不合理的人事和劳动用工制度相关的，今后必须加以变革。要和企业一样，在出版社内实行和强化目标管理，按岗位责任、劳动技能、劳动强度、实际贡献进行个人的收入分配。要把全社目标量化分解，直到个人，使人人有责任，个个满负荷，奖罚分明，收入拉开差距。要有重奖办法，对贡献突出的人员给予重奖。随着现代企业制度在出版社的推行，要按党的"十五大"精神，探索除劳动力以外的其他生产要素如资本、技术等参与收入分配的办法，以更大限度地调动员工办社的积极性。随着现代企业制度的建立，对经营者要实行年薪制。

4. 推进医疗保险和养老保险制度的改革。医疗保险和养老保险，是关乎企业经营、影响企业竞争力的重要因素，现代企业制度，没有现代医疗保险和养老保险制度的配套，是建立不起来的。这是任何企业、也是任何人都关心的大问题，我们必须十分重视。这两项制度的改革，不是单个企业能够独立进行的，有待于国家宏观政策的出台。一旦国家出台政策，我们就要联系我社实际，积极加以推进。

我们中国社会科学出版社是一个具有光荣历史和良好形象的出版社，在世纪交替之际，它正经受着历史的一场严峻考验。我们坚信，经过这场考验，它将以全新的姿态和面貌出现在二十一世纪。让我们以"保持品牌、增强实力、争创一流"为口号，为再铸社科出版社的辉煌而努力奋斗！

1999 年 3 月 8 日

传播学术经典　关注大众阅读[*]

——答《光明日报》记者问

（记者按：今年初，在北京图书订货会上，中国社会科学出版社亮出"将阅读经典进行到底"的追求，一直以出版人文社科学术著作为主的社科出版社，长期以来致力于学术经典的出版，他们出版的一批有影响的学术著作和译著受到学术界的赞誉。最近几个月，不少读者发现，在一些书店的畅销书排行榜上，出现了《我家》等纪实作品、网络文学、时尚随笔，而这些热卖图书的出版者也是社科出版社。很显然，该社正在扩大自己的出版范围，并有意涉足大众读物领域。据社科出版社社长兼总编辑张树相介绍，在即将举办的第 11 届全国书市上，该社还将重点推出一批大众读物，如纪实作品《八年闯荡金三角》、《末代皇帝的二十年》、《幽默格言集》、《思路花语》，"断层文丛"中的《肥心瘦骨》，探险考古图文书《穿越无人区——大海道探险纪实》与《寻秘大海道——考古探察手记》等，

---

* 这是《光明日报》记者采访文章，本次发表略有改动，副题是新加的。

在引进版中，也有《朝鲜：我们第一次战败——美国人的反思》、《精神病院之旅》等面向大众的译作。)

问：社科出版社的出版方针是否有了变化？

答：我们的出版方针并没有改变，只是在原来的基础上开拓了新的出版选题。出版人文社科学术著作仍然是我们的主要任务，但必须坚持出版学术著作的经典性，应追求出版学术精品。在制定"十五"重点图书出版规划时，我们申报出版的学术图书应该说体现了追求经典与精品的出版理念。如《中国制度史》、《中国考古史》等，都是填补学术空白的专著。我社目前要做到的是调整学术著作的选题，但调整选题并不是改变出版方针，而是更好地贯彻出版方针，在出版学术图书中走"精品"之路。

问：那么"将阅读经典进行到底"与扩大大众读物选题是否矛盾？

答："阅读经典"与出版大众读物并不矛盾，学术经典对相当范围的读者具有吸引力，阅读经典不应只是一定范围内"小众"的兴趣。长期以来，我社对大众阅读确实关注不够，出版的图书较重学术性，忽略了经典性及所带来的读者的广泛性。以致不少书店把我社的"高品味"与小众读者相联系，从而形成了"社科版"图书"阳春白雪，曲高和寡"的印象。这种现象的出现，一方面是因吃国家"皇粮"（出版补贴）的习惯养成的，一方面则是认识上的误区。有人以为高品味就是"高、精、尖"。其实，学术图书与大众读物二者之间没有品味高低之分，精品书不等于只是学术经典。大众读物同样可以有高品味，也同样可以出经典，出精品。谁能说四部古典名著不是经典，不是精品？而它们绝对是大众读物。

　　关注大众阅读，是图书市场化的必然，但绝非放弃社科出版社一以贯之的精品意识。大众读物同样要坚持自己的标准，严把内容与质量关。可以说，社科社的大众读物就是要以精品取胜。事实上，社科社几年前就已经开始了这方面的尝试，《杨绛作品集》、《世界散文随笔精品文库》都是成功的实例。而近几年"另类丛书"、"网络文丛"的出版使我们也无意间加入了流行与时尚的大众出版行列。但这类书在我社出版选题中占的比例很少。我们打算适当加大这个比例，这不仅是生存的必要，也是走出学术"社科"的小圈子，树立学术与大众"社科"的新品牌的需要。

原载 2000 年 9 月 28 日《光明日报》

2001 年,我们怎么办

在二十世纪的最后一年,中国社会科学出版社针对以前选题结构单一、市场意识不强的问题,在"传播学术经典,关注大众阅读"及"学术图书和大众读物并重"的口号下,着力调整选题结构,拓展选题空间,使图书选题趋于多样化,读者对象趋于广泛化,适销对路的品种日增。我们不但继续占领着选题的学术制高点,推出了一批有影响的学术著作,如"世界文明大系"、"西学基本经典"、"西方现代思想丛书"、"国外经济管理名著丛书"等,还出版了一批颇为畅销的通俗读物,如《朝鲜:我们第一次战败》、《八年闯荡金三角》、《我家》、《世纪对话》、《生存与体验》等。由于我们正确地把握了自己的出版定位,因而在社会效益和经济效益方面都取得了较好的成绩。

2001 年已经开始,我们"社科人"面对未来充满信心。新世纪开端,我们的打算是:

第一,全方位推进出版社内部改革。

中组部和人事部已下发《关于加快推进事业单位人事制度改革的意见》,这为出版社的改革提供了指导原则。我们将抓住全国人事制度改革的大好契机,遵照《意见》精神,参考现代企业制度的管理办法,坚决、大胆地改革出版社内部的劳动、人事、分配制度。要全面推行聘用制,由过去的身份管理转为岗位管理,由单纯行政管理转为行政加法制管理。重新科学合理设置岗位,按需设岗,按岗聘用,竞争上岗。收入分配不主要与行政级别或专业职务挂钩,而是以岗位性质和岗位业绩为主要根据。总之,在新的一年,要使出版社向现代企业制度迈进一步,大大增强内部活力。

第二,抢占大众读物市场,树立"大众的'社科'"新形象。

大众读物,特别是教育类、生活实用类、工具类读物,市场潜力巨大,不重视此类读物的出版,任何出版社都不可能在市场竞争中独立生存和发展。社科出版社的出书范围,决不能理解为仅是学术著作,通俗普及类大众读物,原本也在范围之内。今后,要在坚持出版学术著作的同时,多出版一些大众读物,争取在大众读物市场中占有一席之地。我们出版的读物,既要有"阳春白雪",又要有"下里巴人";我们面对的读者对象,既要有高层次文化的,也要有中低层次文化的。我社过去已塑造了"学者的'社科'"形象,今后还要树立起"大众的'社科'"新形象。社科出版社既属于学者的,也属于大众的。我们将坚定不移地塑造上述两种形象,赢得两方面读者的青睐。

第三,狠抓选题创新和质量管理,着力于上品位,创品牌。

品位和品牌是一个出版社生命力之所系,永远保持高品位和名优品牌,才能赢得读者,占领市场,立于不败之地。今后我们将更加重视"二品",在"二品"上大做文章。首先,出版的读物,无论是"阳春白雪",还是"下里巴人",都要保持高品位,即内容健康,科学性强,文化含量大,文字功夫好,富于美感。其次,要开发足够多的体现本社特色的名优产品。这些产品是人无我有的,人有我优的,独具风格的,读者喜爱的，以进一步培育、塑造品牌形象，使其价值不断提升。上品位，创品牌，靠的是选题创新和质量管理。今年，我们将推行选题策划制，建立一支选题策划队伍，瞄准市场，大力开发新颖独特、适销对路的选题。同时要对编校、设计、印装各个环节进一步加强质量管理，狠抓监督检查，落实奖励处罚，确保质量一流。

原载 2001 年 2 月 9 日《新闻出版报》

社网合作:1 +1 >2 [*]

——就社网联合出书与徐贝一起答记者问

　　记者按:日前,博库网与中国社会科学出版社合作推出了《八年闯荡金三角——一个闯入坤沙集团者的自述》一书。比较新鲜的是,此书以两种不同的形式同时发行:社科出版社出版并发行纸质图书(P 版),博库网同时在网上销售电子图书(ebook)。这是中国出版史上首次社网联手,在传统出版领域和电子出版领域的同步合作。记者就此对博库网 CEO 徐贝和中国社科出版社社长张树相进行了采访。

记者:这次社网联合出书,是基于一种什么样的考虑?

徐贝:非常感谢社科出版社在这个项目上的领先意识和高效作风。这次合作的最初提出者是博库,但如果没有社科领先的观念和丰富的经验作为基础,也谈不上成功。双方都认为,网络给传统出版业带来的,不仅是挑战,更是机遇。社网合作,

　　[*] 本文是记者赵辉 2001 年 8 月的采访记录,原题为《"社网"联推〈八年闯荡金三角〉》。

不仅仅是着眼于未来电子出版市场的开拓，也是传统出版市场的开拓。

记者：在合作过程中，遇到过什么障碍吗？

徐贝：没有什么不可克服的障碍，双方都是从事书业，很好沟通，合作也愉快。我们都明白这是一个双赢的事情：出版社既可以利用网络的快速及时和全球性推进纸版书的发行工作，也加深了对于网络的了解，为今后的合作打开一个良好的起点；而博库则既开拓了电子书的市场，同时也与出版社有了更多的实际合作。

记者：近期有类似的新项目在启动吗？

徐贝：有，最近我们正在准备网上名人朱海军的文集和网友的纪念文集，准备搞一年的慈善销售，所得收入全部捐献给他的遗孀。

记者：你认为社网合作的前景如何？当前的进行中有哪些不利条件？

徐贝：前景很好，当前的不利因素主要是形势发展太快，不确定性较多，因此双方都需要不断的学习和沟通。

记者：为什么选中了《八年闯荡金三角》这本书，原因是什么？或者说，是什么打动了你们？

徐贝：真实。

记者：很多人都关心 ebook 与传统出版物的关系。它的出现，是否会减少传统出版物的市场份额？换言之，它的出现对于传统出版社而言究竟是祸是福？

徐贝：当然是好事。无论如何，将想法和材料组织成书以及和作者沟通形成内容，是无论用什么介质做载体都需要的，而这只有出版社才能做到。我可以大胆地预计，未来出版社会面临一次因网络而带来的飞跃。

记者：很多读者关心的是，今天的 ebook 还很简单，并没有脱离传统出版物的范畴，对于未来 ebook 的形态，你们有怎样的设想？

徐贝：这正是我上面说的调整，不仅出版社，也包括网站，都必须努力使电子书不仅内容精彩，而且形式和手段也要出新。

张树相：出版社依然是出版事业的主导力量。我们本身对网络有了解并持续关注，我们认为电子出版是趋势也是财富，所以当博库提出合作后，我们很快就合上了节拍。

记者：你认为 ebook 会对纸质书的发行形成冲击吗？

张树相：总体看来，这是个 $1+1>2$ 的效应。电子书虽然比纸质书便宜，但出版社承担的成本非常之低，所以净利润率和纸书相差无几，并且不存在库存积压等风险，所以社科出版社此举是个投资组合的概念，放眼未来，我们更看重机遇。而且，即使是现在，网络也能够促进纸质书的销售。

记者：ebook 是个全新的概念，也是个全新的市场，对此，你认为出版社应该如何应对？

张树相：对于出版社而言，加强自身的编辑、策划、制作能力是第一位的，然后在电子商务的发展上谨慎选好合作伙伴，做到了这两点，我想问题也就解决了一大半。

记者：你认为出版社在未来的出版物市场中会继续占据主导地位呢还是相反？

张树相：只要能够稳住优势，在挖掘题材、形成选题、策划创意和后期制作上始终高人一筹，出版社就依然是出版事业的主角。当然，这一切都取决于人才的储备和培养，我们正在为此作准备。

原载《中华读书网》

小众学术，大众阅读[*]

　　学术是人类的高层次文化，是科学研究的成果，它是在人民群众实践活动的基础上，对规律的科学把握和理论阐释。因而，学术活动基本上属于理论思维活动。学术研究需要高深的知识素养和理论素养，它从来都是由高学历的专业人员所从事的。学术研究的成果通常也是由专业术语表达而成为文本的。所以，学术研究的高文化素养要求和学术成果的学理性特点，决定了学术活动的小众局限。就是说从事学术活动创造、学术文本的写作只能是小范围人群，不可能是大众人群。

　　虽然学术活动是少数人从事的，学术成果也是出于少数人之手，但是学术是不是就可以并且只能站在象牙塔里呢？不是的。学术应该也必须面向大众、通向大众。所谓面向大众、通向大众，就是要把通过学术研究所获得的科学信息、科学知识、科学理论用通俗易懂的表达、形象化的感知方式传播给大众，让大众掌握。科学知识、科学理论是创造性思维必不可少的要素，用科学知识、科学理论武装的人越多，社会思维的创造性

　　* 这是在《中国图书评论》以"小众学术，大众阅读"为题的座谈会上的发言。参加座谈的还有九三学社中央副主席金开诚、中国社科院文学所所长杨义、北京师范大学教授王富仁、三联书店副总编辑周五一。

就越强，社会进步就越快。我们所讨论的"小众学术，大众阅读"，就是要强调这个道理。

学术、理论要面向、通向大众，这是应该的而且是必须的，那么这就涉及出版学术著作和大众阅读的关系。既然学术要通向大众，学术著作就应该让尽可能多的人阅读。学术图书的读者不能局限于范围很小的学术圈子之内。

学术著作有其特点，它的表达需要学术用语，需要抽象、概括、演绎、推理，其文本的专业性、学理性很强。离开这个特点，就称不上是学术著作。这样的学术著作不可能要求普通大众都能读、爱读，只有少数科研人员、专业人员、高知识阶层的人才能读懂，才能对其产生兴趣。学术著作是科研成果的特定载体形式，这种载体形式对于科学研究、对于科研人员、对于人类文化的建构、积累是绝对必要的。因而学术著作不能轻视，学术著作不能不出版。我们决不能因为强调大众阅读而拒绝学术著作。积极地、适当地出版学术著作，满足某些专业读者的需要，也是出版的重要任务。一个国家不重视学术著作的出版，是没有希望的。在市场经济条件下，学术著作因其发行量小而出版难的现象不是正常现象。

然而，学术著作的特定表达方式并不是拒绝大众阅读的理由。著作者应该清楚，他们写的文本是要让人家看的，爱看的人、看懂的人越多，就越有影响，越有效果。因而应该尽量写得通俗一点，活泼一点，让更多的人看得懂，喜欢看。现在的问题是，有相当多的学术著作写得死板板、干巴巴、枯燥燥，八股调很浓，无法引起读者的兴趣。更有人专门故作高深，追求大部头，语言晦涩，短话长说，吓唬读者。这是一种很不好的文风，也是对读者的蔑视。其实，学术理论著作是可以贴近大众的。在这方面，马克思主义经典作家，一些学术大家已经做出了榜样。比如马克思的《资本论》，研究的是非常重大的课题，大部头，但并不难懂；艾思奇的《大众哲学》、吕叔湘的《语法修辞讲话》等，早已是家喻户晓了。

"小众学术，大众阅读"的问题，不能不涉及当前学术著作平庸化的问题。学术著作有出版难的问题，又有出版滥的问题。现在学术著作有很多是滥竽充数的，这些打着学术旗号的图书，并没有学术价值，如果这些书交给大众，那是对大众的愚弄。当然大众也不会看。我们引导大众阅读，决不能让大家花费精力去阅读这些书。在这方面，出版社应该把好关，平庸之作最好不出。

要做到"小众学术，大众阅读"，就要大力提倡自然科学家和哲学社会科学家多写一些科学普及读物。这是学术通向大众的最好途径。当前，学术普及性读物以通俗教材的形式出现的较多，它们只是通向了学生大众，学生以外的大众需要的并不多。原因是学者不屑于写通俗读物，因此要呼唤科学普及的通俗读物，比如像科学出版社出版的一套院士写的科普读物就赢得了大众读者的欢迎。

原载《中国图书评论》2002 年第 3 期

以"7·16讲话"精神为指导,进一步做好哲学社会科学图书出版工作[*]

  继去年 8 月 7 日在北戴河讲话、今年 4 月 28 日在中国人民大学讲话后,江泽民总书记于 7 月 16 日在考察中国社会科学院时,又一次发表了关于加强哲学社会科学建设的重要讲话。"7·16讲话"从治党兴国、全面推进建设有中国特色社会主义事业的战略高度,科学地阐述了哲学社会科学的重要地位和作用,就加强哲学社会科学建设提出了指导要求。这一讲话,不仅对在新世纪建设和发展我国哲学社会科学具有深远的指导意义,也对哲学社会科学出版工作具有极大的指导意义。我们出版战线,应认真学习贯彻讲话精神,借讲话的东风,进一步推动哲学社会科学图书出版工作的开展。现就贯彻讲话精神,进一步做好哲学社会科学图书出版工作,谈一点儿看法。

---

  * 本文是在新闻出版总署召开的"哲学社会科学出版座谈会"上的发言,部分内容在 2002 年 8 月 23 日《新闻出版报》上刊登。

一 要深入理解江总书记关于哲学社会科学建设 重要性的论述,提高我们对哲学社会科学 图书出版特别是学术著作出版的重视程度

江总书记在"7·16讲话"中,对哲学社会科学建设的重要性作了充分的论述。他指出:"我们的哲学社会科学建设,是社会主义精神文明建设的重要组成部分,又是为推进社会主义社会的物质文明、政治文明、精神文明建设服务的。我们不仅要大力发展自然科学,而且要大力发展哲学社会科学,并用这些方面的知识来全面提高全体人民的思想道德素质和科学文化素质。否则,社会主义现代化和中华民族的伟大复兴就不可能实现。在改革开放和现代化建设的进程中,我们会遇到各种新的重大课题,需要哲学社会科学来研究和回答,需要运用创造性的理论思维来研究和回答。"他还说:"建设有中国特色社会主义,需要在实践和理论上不懈进行探索……在这个实践和理论的双重探索中,哲学社会科学具有不可替代的重要作用,哲学社会科学工作者是一支不可替代的重要力量。"江总书记的讲话,指明了哲学社会科学及其建设的极端重要性。

我们所从事的哲学社会科学图书出版工作,是专事哲学社会科学研究成果及普及图书出版的,是为哲学社会科学建设直接服务的,哲学社会科学建设的重要性,决定了哲学社会科学图书出版工作的重要性。然而对这样重要的工作,我们在一定程度上还重视不够,比如当前存在的学术著作出版难的问题,就是重视不够的一种表现。学者们坐冷板凳辛辛苦苦写出来的学术著作,出版社不愿意出,书店也不愿意卖,这个问题至今

也没有解决好，难道全是客观原因吗？恐怕不是。为什么重视不够？我认为根子在于对哲学社会科学重要性认识不够。江总书记在"7·16讲话"中说："我所以反复强调全党同志必须高度重视哲学社会科学的发展，是有针对性的，就是因为有些同志对这个问题至今仍重视不够。"这里所说的"重视不够"，我认为在出版界也有表现。因此，要加强哲学社会科学图书出版工作，有一个解决对哲学社会科学建设重要性的认识问题，这就必须认真学习、深入理解江总书记讲话中关于哲学社会科学重要性的指示，把认识统一到江总书记指示精神上来。只有这样，哲学社会科学图书出版工作才能进一步做好。

二　要以江总书记"7·16讲话"中提出的要求为指导，加强哲学社会科学图书出版工作

江总书记在"7·16讲话"中，对加强哲学社会科学建设提出了五点要求。这五点要求是：第一，要坚持以马克思主义为指导；第二，要坚持解放思想、实事求是；第三，要坚持"二为"方向和"双百"方针；第四，要坚持优良的学风；第五，要坚持党对哲学社会科学事业的领导。这五点要求是加强哲学社会科学建设的指导方针，同样也是加强哲学社会科学出版工作的指导方针。今后我们如何进一步做好哲学社会科学图书出版工作，以更好地为哲学社会科学建设服务？最重要的就是要贯彻落实江总书记的上述要求。特别是前三条要求，与哲学社会科学图书出版工作，关系最为直接。

图书出版也"要坚持以马克思主义为指导"。我们有责任、

有义务对图书的内容特别是哲学社会科学图书的内容把好关,使之不偏离马克思主义的正确轨道,符合"三个代表"的要求,为促进我国先进生产力和先进文化的发展,为维护和实现最广大人民的根本利益服务,有益于丰富和发展马克思主义。图书出版也"要坚持解放思想,实事求是"。我们要冲破思想束缚,跟上实践的发展变化,与时俱进,努力发现和推出理论联系实际、从变化了的实际的研究中提出真知灼见的作品,特别是学术精品,而阻止那些思想僵化、毫无创新的平庸之作出版。图书出版也"要坚持'二为'方向和'双百'方针"。我们出版图书是要为人民服务、为社会主义服务,不能危害人民,危害社会主义。在这个前提下,要敢于出版有各种不同观点的图书,营造敢于说话、敢于争论、敢于创新的学术空气。我认为,哲学社会科学图书出版工作只有落实了江总书记的上述要求,才算真正得到了加强。

三　要把为哲学社会科学建设服务 得好不好,作为检验哲学社会 科学图书出版工作的主要标准

出版工作是社会主义精神文明建设的重要组成部分,它是为精神文明建设服务的,最终又是为人民服务的,为社会主义服务的。哲学社会科学图书出版工作也是如此,这是不言自明的。然而哲学社会科学图书出版工作是为哲学社会科学研究和普及即哲学社会科学建设直接服务的,它是哲学社会科学建设的重要组成部分。哲学社会科学图书出版工作为精神文明建设服务、为人民服务、为社会主义服务是通过为哲学社会科学建

设服务来实现的。因此，我们应当把为哲学社会科学建设服务得好与不好，作为检验哲学社会科学图书出版工作的主要标准。具体说来，要以出版的哲学社会科学学术著作及知识普及读物的数量够不够，质量好不好，精品多不多，哲学社会科学工作者是否满意等，来判定我们的哲学社会科学图书出版工作做得好不好。这是最直观和容易操作的。我认为，哲学社会科学建设既然如江总书记所说的那么重要，那么我们把它作为检验我们工作的主要标准，是完全正确的。总之，只有为哲学社会科学建设服务得好，我们的哲学社会科学图书出版工作才算真正做好了，加强了。

江总书记"7·16讲话"，向全党、全社会发出了加强哲学社会科学建设的伟大号召，我们出版界，一定要积极响应这一号召，以出色的图书出版工作，为我国哲学社会科学的发展作出应有的贡献。

2002 年 7 月 29 日

严格遵守政治纪律，把好图书出版政治关[*]

图书出版工作是宣传舆论工作的重要组成部分，与政治意识形态、与党和国家的大局关系极为密切。正因为出版工作特别是哲学社会科学图书出版工作的政治性强，于是维护、遵守党和国家的政治纪律，就成为出版社的重大职责。在市场经济条件下，出版社因为自负盈亏，要讲经济效益，在利益驱动下，容易置政治后果、社会效益于不顾，这就给出版社领导加重了政治把关的责任。作为出版社的负责人，我们深知自己肩上政治责任的重大，一直注意严格遵守政治纪律、宣传出版纪律，把好图书出版政治关。在这方面，我们坚持了以下几点做法，这里向领导和同志们做个汇报。

一　狠抓政治学习，使全社职工牢固树立政治责任感、社会责任感

哲学社会科学图书，多有内容涉及政治的，比如有关马克思主义、社会主义、共产党领导，党的路线、方针、政策，党

---

* 本文是在新闻出版总署组织的座谈会上的发言。

和国家领导人的活动，军事、法律、公安，党的历史上的重大是非问题，民族、宗教问题，社会热点问题等方面的内容。这些内容往往关系到党和国家的大局，关系到全体人民的根本利益。讲得正确，于党、于国、于人民有利；说得谬误，可能会给党、国家、人民造成很大危害。我们搞出版工作的，对这些内容的处理就应十分谨慎，决不能让错误、有害的政治言论通过图书载体散布到社会。这类内容在我们这样的出版社几乎天天会遇到，要有效地防范政治性错误的遗留，我们认为最重要的是加强职工的政治学习，提高明辨政治是非的能力，增强政治责任感，牢固树立社会效益第一的观念。

我们虽然像企业一样，经营业务非常繁重，但从来没有放松组织政治学习。这几年从"三讲"到"三个代表"的系列学习活动，我们都认真组织，并且要求联系出版工作特别是遵守宣传出版纪律的实际进行学习。在学习中，我们重点引导大家联系出版工作认识"讲政治"、"讲大局"的重要性和意义，特别是深入理解"三个代表"中关于中国共产党"代表先进文化的发展方向"、"代表最广大人民的根本利益"对我们出版工作的指导意义和怎样在出版工作中加以体现，强调要把"三个代表"重要思想作为我们出版工作的根本指导思想，认真加以贯彻。过去有些编辑人员对书稿政治内容的处理只以自己的认识为标准，不是很自觉地以马克思主义、党中央的精神为准则，因此在初审和复审后的书稿中，时有政治性错误问题遗留给终审。通过学习，大家认识到，这是个有没有政治观念、大局观念的问题，图书的政治内容公开出版事关重大，不能以个人的好恶为转移，而要以马列主义、党中央的精神来审视，违背马列主义，违背党中央精神的内容不能公开出版，这是作为一名编辑应该有的政治意识和政治责任。

　　在少数编辑头脑中，单纯追求经济效益的观念曾一度较甚，他们自觉不自觉地把一些能够赚钱但有害社会的选题也拿来报批，例如描写两个卖淫团伙明争暗斗、互相残杀的小说稿，用三十年代我们党反对蒋介石政府专制独裁、压制民主的言论来影射现实的时论稿都拿到社里报批过，针对这种情况，我们就提醒他们思考：这类内容符合不符合"三个代表"思想？传播的是否是先进文化？有利于还是有害于人民的根本利益？与"三个代表"精神一对照，他们认识到这类选题不应该要，如果出版这种书是对社会不负责任，对人民不负责任。

　　江总书记视察社科院发表"7·16讲话"以后，我们又一次不失时机地组织大家学习讲话精神，对职工进行政治责任感和社会责任感的教育。在学习中，我们引导大家从江总书记对哲学社会科学重要性的论述中认识我们哲学社会科学出版工作者责任的重大，认识江总书记所说的"我国哲学社会科学要努力担负起认识世界、传承文明、创新理论、咨政育人、服务社会的职责"同样也是我们出版工作者的职责，我们一定要牢记并且认真履行这个重大政治职责。

　　由于我们不断地联系出版工作实际组织政治学习，职工的政治意识、政治责任感和社会责任感明显地增强了，遵守政治纪律、宣传出版纪律的自觉性大大提高，他们与我们一起消灭了出版物中不少政治险情，抵制了不少有错误政治倾向的出版物。

二　随时敲响政治警钟，使编辑人员经常保持高度的政治警觉性

　　由于哲学社会科学书稿的内容与政治关系密切，由于作者

的广泛性和思想的复杂性，在我们所接触到的书稿中，常有政治性错误出现。这类错误往往一两句话就会造成严重不良政治后果。因此编辑哲学社会科学类图书，必须时刻保持高度的政治警觉性。很多错误既成事实，就是因为编辑人员缺乏政治警觉性，思想麻痹。这就要求出版社的领导必须随时敲响政治警钟，使自己和编辑人员经常保持高度的政治警觉性。这些年，我们就是注意这样做的。

在加强政治纪律、宣传出版纪律方面，中办、国办、中宣部和新闻出版总署曾作过若干规定，对这些规定，我们反复告诫编辑人员要坚决执行。中宣部、新闻出版总署就防止图书中出现政治性错误，经常召开通气会，我们都及时传达给编辑出版人员，特别就上级通报的图书中的政治险情加以评析，让大家保持高度警惕。在审稿中，每发现政治性差错的苗头，我们都要找责任编辑和有关编辑室主任提出批评告诫。比如在决审一部书稿时社领导发现其中引用某位经济学家的一段话，称解放后我国的人权问题一直没有解决，立即向责任编辑和复审指出问题的严重性，告诫他们以后审稿要注意政治把关。有一部书稿，书名为《唐山大地震漏报真相》，责任编辑对其内容十分看好，认为无政治问题，将会很畅销，复审也没有提出疑义。社领导在审批这个选题时，曾向编辑室提出请专家审读一下，但编辑室没有照办。将近发稿时，我们没有放松警惕，请教了地震出版社的一位负责同志，他当即指出，这样的书容易出事，后来他把稿子送给地震局的领导看，稿子立即被扣压下来，不久，"两办"就批转了地震局发的一个内部文件，严令任何出版社都不得出版此书，避免了一次严重政治事故。这件事发生以后，我们特意在编辑部大会上总结了教训，正告大家以此为戒。

对涉及宣传出版纪律的问题,我们时常提醒大家不要心存侥幸,不要打擦边球,不要随意自作主张,一定要按规矩办。比如有的选题应该上报备案,作者和编辑担心拖延时间或被"枪毙",不愿备案,我们认为这是在政治上不负责任,放松了政治警觉性的表现,坚决不迁就他们的意见。事实证明,有的选题上报后,被"枪毙"了,如果不上报,贸然出版,就会造成政治事故。我们也及时抓住这种事例向大家敲警钟。

在领导编辑出版工作中,我们体会到,要保证政治纪律的执行,必须经常给我们自己和职工敲政治警钟,做到警钟长鸣。

三　坚持三审制,从制度上筑起政治防线

在图书出版工作中要保证政治纪律、宣传出版纪律的执行,防止政治错误的发生,必须从制度上下工夫。有一套严密的制度并严格按制度办事,就筑起了一道政治防线。我们认为坚持三审制在书稿的政治把关中是行之有效的。

三审制是中宣部和新闻出版总署对出版单位一再强调和严令执行的审稿制度,我社这些年始终不折不扣地执行这项制度。对任何一部书稿,无论出版时间多么紧急,也必须坚持责编初审、编辑室主任或指定的编审副编审复审、主管的编辑部领导决审。三审中缺乏任何一个环节都不能发稿。三审不仅是正文,也包括封面、函套、扉页、勒口、插图以及广告招贴中的文字和形象内容。为使三审制得到落实,我们规定和要求每个审读环节都要写审读报告,初审还必须写加工记录,作为发稿的必备要件。没有这些要件,接续的环节均不接受。我们在规定中特别强调,审读报告中要写明书稿中有无思想政治方面的问题及自己的处理意见。对这些规定和要

求，编辑人员基本上都做到了。

在三审中，领导最后决审的环节至关重要。事实证明，尽管我们对初、复审的要求很严格，但在初、复审后的书稿中，政治性错误的遗留仍然时有发现。如果我们对前两审有依赖思想和侥幸心理，就可能酿成大错。对这一点，我们头脑很清醒，因此对决审尤为重视，每个人都很认真。这几年，社领导通过决审堵住的政治漏洞是不少的，有些书稿因问题严重甚至被退掉了。

总之，我社这几年出版的图书未发现有大的政治性错误，与认真坚持三审制有很大的关系。

四　对敏感性强的选题书稿重点设防，由社长总编亲自把关

我社的出书范围中，总有一些敏感性强的选题书稿，这些书稿往往印发量较大，经济效益较好，但也往往最有可能留下政治性隐患。稍不注意，就会酿成大错。为了保证不出问题，必须对这类书稿重点把关。我们就是这样做的。对这类选题，我们在审批的时候十分慎重，该上报新闻出版总署备案的，就坚决上报备案，待上级审查批准后再列入计划。不属于备案审批范围的，就要求拿来稿子先由社长或总编翻阅一遍，感到有把握后再批准列选。对这类选题，社长总编一般都在选题审批单上批示，提醒注意政治把关或要求最后亲自审核书稿。我们反复嘱咐编辑室主任和其他参与决审的领导，敏感性强的选题书稿中不好把握的章节，一定要报社长或总编过目，不要轻易处置。对这类选题，社长总编在心里总是紧绷着一根弦，对哪

本书稿不放心,就随时去抽查。例如,台湾一位学者的一本学术专著被批准在我社出版,总编辑因早就知道这位学者主张"台独",就对他的书稿一直留心,在清样出来以后,他没有忘记抽查一下,一抽查,果然发现稿子中留有"台独"言论,在出书前把一个政治隐患排除了。这类选题出了样书后,社长、总编还要重点抽查,发现有问题,立即通知不准发行。例如社长在抽查中发现一本样书封面上有严重歪曲改革开放后大学校园形象的话,坚决制止发行,要求更换了封面。由于我们对敏感性强的书稿重点设防,亲自把关,给编辑人员以很大影响,使编辑部上上下下对这类书稿的处理都格外谨慎,把关很严,许多隐患被大家及时消除了。

上面所汇报的这些做法,谈不上是什么经验,只是我们执行政治纪律、宣传出版纪律的一些情况,我们认为这是一个出版社起码应该做到的。这几年我社出版的图书没有出现大的政治问题与我们管理较严有关系,但我们的管理与上级的要求还有很大差距,工作中的漏洞还有不少,政治性隐患随时可能会惩罚我们。因此我们丝毫不敢懈怠,必须经常绷紧政治这根弦。

遵守政治纪律不是图书出版工作的目的,而是要以此保证出好书,出有意义的书,为物质文明、政治文明、精神文明建设作贡献。这就要求我们要处理好遵守政治纪律、宣传纪律与解放思想、贯彻"双百方针"的关系,在遵守纪律的前提下,支持理论创新和知识创新,鼓励大胆探索,多出版有真知灼见的作品。党的十六大即将召开,我们一定要再接再厉,把好图书出版的政治关口,为十六大的召开创造良好的政治氛围,同时要用更多的精品图书向党的十六大献礼。

2002 年 9 月 3 日

以十六大精神为指导，加快出版业的发展*

党的十六大，进一步阐明了贯彻"三个代表"重要思想的根本要求，围绕全面建设小康社会的目标，对在新世纪新阶段建设中国特色社会主义经济、政治、文化和党的建设等各项工作作出了全面部署。给我们的一切工作指明了方向。结合学习十六大精神，特别是学习作为十六大灵魂的"三个代表"重要思想，我对如何加快出版业的发展，有如下几点新的体会。

一 加快出版业的发展，必须牢固树立发展是"第一要务"的意识

邓小平同志和我们党的第三代领导集体特别重视"发展"问题，小平同志早就说过：发展是硬道理。十六大政治报告进一步强调："必须把发展作为党执政兴国的第一要务"，"离开发展，坚持党的先进性、发挥社会主义制度的优越性和实现民富国强都无从谈起。"报告中所讲的发展，包括以经济

---

* 本文是在中宣部召开的学习十六大精神出版座谈会上的发言。

为中心的一切事业的发展,自然也包括出版事业的发展。我们从事出版事业,同样要把发展作为"第一要务"。出版业是社会主义事业的重要组成部分,是与经济建设紧密相关的,出版事业如果得不到发展,必然要拖经济建设的后腿,社会主义制度的优越性就不能充分体现,民富国强就难以实现。特别是在经济全球化迅猛推进、我国加入 WTO 形势下,出版业如不加快发展,社会主义文化阵地有丧失的危险。把发展作为第一要务,是我们党总结过去的历史教训提出来的,在今天仍有现实针对性和重大意义。现在,人们对"发展"普遍重视了,但还不能说每个人都把它重视到作为"第一要务"的程度。发展必然会带来一大堆问题,遇到问题,有些人就不敢理直气壮地抓发展了,或者一天到晚忙于堵漏洞,怕出问题,就不能迫切地落实发展了。出版业近些年来有了不小的发展,这是有目共睹的。但发展的步子与经济全球化进程和我国经济发展的速度相比,还有一定差距。对发展的重要性和迫切性的认识还不能说就已经足够了。出版界仍有一个提高对发展的重视程度的问题,提高对发展的迫切感的问题。要加快出版业的发展,我们必须认真学习十六大报告关于把发展作为执政兴国"第一要务"的指示,每个人都要牢固树立"第一要务"意识,进一步增强对发展的迫切感。

二　加快出版业的发展,必须高度
保持与时俱进的精神状态

出版业和整个国家建设事业一样,要持续发展,必须不断地创新。世界在变化,全世界出版业在飞快地发展,我国改革开放和现代化建设在前进，人民群众对文化的需求也在不断变化提高，迫切要求我们总结新经验，树立新观念，制订新政策，拿出新办法，采取新举措。简言之，就是进行理论创新、制度创新、科技创新、文化创新。要创新，就要求我们广大出版工作者，特别是管理者必须始终高度保持与时俱进的精神状态，坚持解放思想、实事求是的思想路线，适应实践的发展，以实践来检验一切，自觉地把思想认识从那些不合时宜的观念、做法和体制的束缚中解放出来。我国的出版业近十三年来取得了显著发展，这是与出版界的管理者和广大职工解放思想、与时俱进分不开的。但是出版界旧的观念、旧的框框仍然存在，改革开放仍很艰难。十六大报告关于必须始终保持与时俱进的精神状态的指示，对我们出版界来说，有很强的警醒作用和现实指导意义。要加快出版业的发展，必须认真学习这一指示，进一步提升这种与时俱进的精神状态。

三　加快出版业的发展，必须始终贯彻
发展先进文化的要求

我国的出版业是我国社会主义文化事业的重要组成部分。发展社会主义文化，是要发展先进文化，不是落后文化，更不是腐朽文化。这是我们党保持先进性的要求。先进文化能赋予人们正确的思维方式和积极向上的精神力量，是一个民族发展的精神动力和智力支撑。十六大报告指出："发展各类文化事业和文化产业都要贯彻发展先进文化的要求，始终把社会效益放在首位。""在当代中国，发展先进文化，就是发

展面向现代化、面向世界、面向未来的、民族的科学的大众的社会主义文化”，“必须坚持马克思列宁主义、毛泽东思想和邓小平理论在意识形态领域的指导地位，用‘三个代表’重要思想统领社会主义文化建设。坚持为人民服务、为社会主义服务的方向和百花齐放、百家争鸣的方针，弘扬主旋律，提倡多样化。坚持以科学的理论武装人，以正确的舆论引导人，以高尚的精神塑造人，以优秀的作品鼓舞人”。这些指示，对出版工作都具有直接的指导性，是我们在发展出版产业中必须始终坚决遵守和贯彻的。否则，出版业的发展就会走偏方向。只有坚持用十六大关于发展先进文化的要求指导我们的出版工作，我们的出版业才会沿着正确的方向兴旺发达起来。

2002 年 11 月 19 日

出版工作积累的基本经验和新时期的任务[*]

——学习十六大报告的体会

江总书记的十六大报告全面总结了我国改革开放特别是1989 年十三届四中全会以来取得的辉煌成就、积累的基本经验，向全党全民提出了新时期的奋斗目标和任务，根据报告精神，就出版工作十三年来积累的基本经验和新时期的任务谈一点自己的体会。

一　十三年来出版工作积累的基本经验

出版业在十三年来的实践中，积累了十分宝贵的经验，最基本的经验是：

（一）坚持以马克思列宁主义、毛泽东思想和邓小平理论为指导，用"三个代表"重要思想统领出版工作。马列主义、毛泽东思想、邓小平理论和"三个代表"重要思想是我们党的指导思想，代表着和指引着先进文化的前进方向。以此指导我们

---

*　本文是为学习十六大报告座谈会而准备的发言稿。

的出版工作，使我们牢牢把握了先进文化的前进方向，保证了我国出版业始终没有偏离社会主义轨道，为中国特色社会主义的建设提供了强大的精神动力和智力支持，有力地推动了现代化事业的发展。

（二）把发展作为第一要务。党的十一届三中全会确立了以经济建设为中心的基本路线，邓小平特别强调"发展是硬道理"。出版战线广大干部职工忠实地贯彻了党中央和邓小平的指示，始终坚持以经济建设为中心，把国家的发展、本行业的发展作为第一要务。这些年可以说，出版界的一切工作都是围绕发展、为了发展而进行的，正因为如此，我国的出版业才有今天的繁荣景象。

（三）确认了出版物的商品属性和出版的产业特征，在出版行业推行市场机制和企业管理方式。长期以来，出版物被视为单纯的精神产品，出版业被视为纯事业而非产业，出版物的生产只由国家计划来安排。因而出版业发展很缓慢。党的十四大确立了社会主义市场经济体制的改革目标以后，我们逐步地认识到了出版物带有的商品属性和出版业带有的产业特征，把出版物当作商品、把出版业当作产业来经营，在出版行业推行市场机制及与之相适应的企业管理方式，发挥了市场配置资源的作用，出版工作才得以迅速打开了新局面，出版产业以前所未有的速度得到发展。

（四）坚持"二为"方向、"双百"方针，弘扬主旋律，提倡多样化。社会主义出版工作是社会主义文化工作的重要组成部分，为人民服务，是我们出版工作的出发点和归宿；为社会主义服务是实现党的理想目标对出版工作的根本要求。"百花齐放、百家争鸣"是真理发展的必由之路，坚持"双百"方针，有利于出版真知之作，有利于出版精品，有利于发现真理、传播真理。弘扬主旋律，提倡多样化，是处理文化主导的一元性和文化形式多样化的关系、主流文化和非主流文化关系的正确方针，对于把握出版物内容的正确导向和品种、形式的丰富多彩具有重要的指导意义。这些年，我们坚持了以上方针和原则，有效地保证了出版工作的正确方向，有力地促进了出版事业的繁荣，有效地满足了广大人民群众的精神需求。

（五）坚持以科学的理论武装人，以正确的舆论引导人，以高尚的精神塑造人，以优秀的作品鼓舞人。这是江泽民对包括出版工作在内的整个文化工作的指示，它指明了社会主义文化工作应该和怎样教育人、培养人、提升人的素质，这是出版工作的题中应有之义。这些年，我们坚持贯彻了这一指示，充分发挥了出版工作对人的教化功能，体现了出版工作的真正目的、价值和意义。

（六）始终把社会主义效益放在首位，努力实现社会效益与经济效益的统一。出版物是含有思想文化内容的特殊商品，它的教化功能是其他物质商品所没有的。在市场经济条件下，常常有这样的情况：一本书销量很大，但其内容有害于社会。这就要求我们不能置社会效益于不顾，去单纯追求经济效益。然而市场经济又要求出版工作必须讲求经济效益。这就必须正确处理社会效益和经济效益的矛盾。怎样正确处理？就是要求始终把社会效益放在首位，努力实现社会效益与经济效益的统一。这些年，出版工作坚持了这一原则，既防止了有害出版物的泛滥，又实现了利润的持续增长，可谓双效兼得。

（七）实施精品战略。出版精品读物，为人民群众提供精美的精神食粮，这是社会主义出版工作的主旨所在。这些年，出版领导部门一直强调并大力组织实施精品战略，围绕出好书、出精品采取了一整套战略性措施，如建立质量保障体系、组织优秀出版物评奖活动、制定国家重点图书规划、对某些重大出版项目实行出版补贴、组织精品图书展销活动，等等。这些措施，极大地推动了精品读物的出版，使精品读物不断大量涌现，显著地提升了我国出版业的整体水平。

（八）实施集团化战略。集团化经营，是市场经济的必然要求。一个国家要增强整体实力和竞争力，必须提高产业的集中度，搞规模经济，求规模效益。当今世界，每个发达国家的出版产业都已达到很高的集中度，市场份额的大部分被几家大型出版集团所占有，并且集团之间仍在兼并重组，继续扩大着这种集中度。为了改变中国出版产业集中度低、规模效益差的状况，近两年，我们开始实施集团化战略，通过建立出版集团、发行集团、报业集团、印刷集团，调整出版产业结构，提高产业集中度，这对于提高中国出版产业整体实力和竞争力无疑具有深远意义，目前已经初见成效。

（九）有条件地逐步对外开放出版物市场，使我国出版业参与国际经济技术合作和竞争。我国出版业近十年来有条件地逐步实行了对外开放。先是从印刷业引进资金和技术，批准建立了部分外资印刷厂，与国外和港澳台地区开展版权贸易、图书贸易，去年在我国加入WTO，承诺逐步放开出版物分销服务领域后，我们加快了对外开放、与国际接轨的步伐，又制定了分销领域引进外资的部分政策。最近有关领导部门又提出"走出去"战略，强调加快出版业的外向型发展，积极主动参与国际竞争。这些举措，对我国出版业的繁荣和发展已经起了和正在起着很大作用。

（十）坚持出版管理体制改革，实行政企分开、政事分开，转变职能。这些年，随着全国经济体制改革和政治体制改革的深入，出版战线也进行了管理体制改革，政府主管部门调整和精简了机构,与企事业单位脱钩,简化或取消了大部分微观管理职能,强化了宏观监管职能,开始集中精力抓政治导向,抓产业政策,抓发展规划,抓健全法规、依法行政、维护出版物市场秩序。由于政府管理职能和管理方式的转变,出版单位的自主权加大了,政府对出版业的管理效能也大大提高了,上下两个积极性都得到了前所未有的发挥,使出版工作的面貌大有改观。

以上十条,是十三年来出版工作取得的基本经验,我们今后仍要长期坚持。

二　出版工作在新时期的任务

党的十六大,向全党提出了全面建设小康社会的宏伟目标和实现这一目标的伟大任务,为各行各业工作的继续开展指明了方向。全面建设小康社会的目标,是中国特色社会主义经济、政治、文化全面发展的目标,是与加快推进现代化相统一的目标。这一目标的实现,在各方面都需要出版工作的支持。适应全面建设小康社会的目标和任务,出版工作在新时期的主要任务应该有以下几方面:

(一)为全面建设小康社会、加快推进现代化提供精神动力和智力支持。

全面建设小康社会,加快推进现代化,开创中国特色社会主义事业新局面,是全国人民在中国共产党的领导下,发展社会主义市场经济、社会主义民主政治和社会主义先进文化,不断促进社会主义物质文明、政治文明和精神文明协调发展,推进中华民族复兴的伟大工程。完成这一伟大工程,需要有巨大的精神动力,最大限度地调动、发挥人的积极性;需要用现代科学知识武装人的头脑，增长和发挥每个人的聪明才智。这就要靠教育科技、新闻出版、广播影视、艺术等思想文化工作部门发挥引导人、教化人、培育人、鼓舞人的功能和作用。出版工作自然有义不容辞的责任。我们要通过出版更多更好的出版物，引导人民的思想，提高人民的觉悟，振奋人民的精神，鼓舞人民的斗志，丰富人民的知识，提高人民的智力，为全面建设小康社会、加快推进现代化提供精神动力和智力支持。

（二）大力发展出版产业，提高第三产业在国民经济中的比重，为国内生产总值"翻两番"、综合国力和国际竞争力明显增强作出贡献。

国内生产总值中包括第三产业的产值，而第三产业的产值中包括出版产业的产值。因此"翻两番"自然要求出版产业大大增加产值。这就提出了大力发展出版产业的任务。"当今世界，文化与经济和政治相互交融，在综合国力竞争中的地位和作用越来越突出"，综合国力和国际竞争力的增强，十分需要文化产业的发展，我们一定要坚决贯彻十六大报告提出的，"大力发展文化产业"，要使作为第三产业的出版产业在国民经济中的比重迅速增大，为实现国内生产总值"翻两番"添砖加瓦。

（三）通过出版工作，认真落实发展先进文化，加强精神文明建设的任务。

党的十六大围绕全面建设小康社会的目标，提出了发展先进文化、加强精神文明建设的一系列重要任务，如牢牢把握先进文化的前进方向、坚持弘扬和培育民族精神、加强思想道德建设、大力发展教育和科学事业、积极发展文化事业和文化产业，等等。这些任务都与出版工作有直接关系，都需要出版工作的参与。出版工作本身就是社会主义先进文化和精神文明建设工作的重要组成部分。落实发展先进文化、加强精神文明建设的任务，是出版工作的中心内容。

（四）通过出版工作，推动形成全民学习、终身学习的学习型社会，促进人的全面发展。

十六大报告在全面建设小康社会的目标中，提出了"形成全民学习、终身学习的学习型社会，促进人的全面发展"的要求，这一要求给我们出版工作提出了重要而艰巨的任务。形成学习型社会，促进人的全面发展，必然要求出版业为人民群众提供丰富多彩的精良读物，通过这些读物向人民群众传播科学文化知识，宣传先进思想理论，彰显良好道德情操，弘扬中华民族精神，从而全面提升人的素质。出版工作担负和落实这一任务，是题中应有之义，也是其本身的根本要求。

（五）加快推进出版业的改革开放，努力配合和促进经济、政治、文化体制改革的深入发展。

十六大报告围绕全面建设小康社会的目标、加快推进现代化，向全党提出了推进和深化经济体制、政治体制、文化体制改革的重大任务。这几方面改革都涉及出版体制，包含了出版体制改革的内容。出版体制改革得怎样，直接关系到经济、政治、文化体制改革的成功与否。因此在体制改革方面，出版工作担负着十分重要的任务。应当说，过去的出版体制改革较好地适应和配合了经济、政治、文化体制改革，但是与后者的要求相比，还有不小的差距。我们应当按十六大要求，进一步解放思想，与时俱进，加快出版业改革开放的步伐，尽快建立符合社会主义精神文明建设需要、适应社会主义市场经济要求、符合出版事业自身规律的出版体制，为推进社会主义政治、经济、文化建设作出出版工作应有的贡献。

2002 年 12 月 2 日

关于办好社科出版社的几点想法

社科出版社是中国社会科学院最大的一个出版社，它在国内外已经有了很高的知名度，据权威部门统计并在《新闻出版报》上公告，我社的学术著作在 2000 年全国社科类学术论文中的被引用率在全国社科类出版社中排名第四位，仅次于人民出版社、商务印书馆和中华书局。在市场竞争的压力下，这几年社科出版社的实力有所增强。如何进一步发展？我认为必须从以下几个方面做文章。

一　必须进一步建立健全法人制度

在社会主义市场经济条件下，出版单位必须建立健全法人制度，才能正常经营和发展。法人制度不确立，或者法人应有的权益得不到保障，出版单位难以做强做大。社科出版社的法人地位就不明确，我们办了两个登记，一个是事业法人登记，一个是企业法人登记。每年年末，国管局按事业法人对我社进行年检，而工商局按企业法人对我社进行年检。我社目前既是事业法人，也是企业法人，实际上既谈不到真正的事业法人，也谈不到真正的企业法人，这样在经营管理上就很难办。一个突出的问题是：主管主办单位主要是按事业单位管理办法对我社进行管理，与我们的关系是上下级行政隶属关系，但又让我们自主经营，自负盈亏，在经济上不负任何责任。在这种情况下，主管主办单位与我社之间的权责利关系不明确，出版社的自主权得不到充分保障，经营就难于放手。今后必须明确法人性质，如果按事业法人登记，就按事业单位进行管理；如果按企业法人登记，就按企业单位进行管理。要根据建立社会主义市场经济体制的要求，界定主管、主办单位与出版社之间在经济上的责权利关系；在保证主管、主办单位投资收益和提供经济担保的前提下，要让出版社享有更多的经营自主权。只有这样，出版社才能谈得上发展。

二　必须树立"大社科"观念

社科出版社是出版社会科学图书的出版社。社会科学包括的学科范围很广，因而社科出版社的出书范围也应当很广；社会科学既要提高，也要普及，因而社科出版社既应出版学术著作，也应出版大众读物；社会科学人人都要学习，大人小孩都要学习，因而社科出版社要面对的读者对象也应当很广泛。在市场经济条件下，要把社科出版社做大做强，如果只限于传统学科的选题范围，那是不可能的；如果只限于出版学术著作，那更是不可能的。学术著作的读者面很窄，发行量很小，在没有国家补贴而自负盈亏的情况下，只出版学术著作，出版社肯定坚持不下去，最后连学术著作也出不成。只有从"大社科"视野出发，从社会科学包含的各个学科，从人民群众多方面、多层次、多样化的需求中策划选题，将出版学术著作与大众读物相结合，以大众读物的经济效益补贴学术著作的出版，才能保证社科出版社发展壮大，才能保持住社科出版社这块学术出版的优秀品牌。

当然，如果新闻出版总署对出版社进行分类管理，把我社作为国家财政支持的纯事业性的学术出版机构，我社就应该按分工专事出版学术著作。但即使那样，也要用"大社科"观念办社。

三　必须继续推进内部经营管理体制改革

随着全国出版体制的改革，社科出版社近年来在内部经营管理体制的改革方面已迈出了一步，但是改革的力度还很不够，成效也不大，在人事、劳动、工资等诸多方面，还摆脱不了旧的管理模式。这种状况，在全国出版社中普遍存在，它是由整个大环境决定的。要使出版社发展，最根本的问题还是内部管理。今后必须加大内部改革的力度。要按照人事部和新闻出版总署的要求，深化人事制度改革，全面推行人员聘用制、劳动合同制，实行人员公开招聘、择优聘用，做到人员能进能出、干部能上能下。深化分配制度改革，科学合理地设置内部机构和岗位，建立重实绩、重贡献、向优秀人才和关键岗位倾斜、形式多样、自主灵活的分配激励机制。在出版社，特别是要建立一种有利于选题策划的奖励机制。此外还要建立资产经营责任制，实现国有资产保值增值。这就要由主管主办单位根据国家的有关政策提出具体办法，在出版社内加以落实。要完善科学、民主、责任明晰的决策制度，既要防止决策失误，又要努力做到适应市场变化，及时准确调整经营管理的决策。这涉及改革出版社的领导体制。

四　必须书刊并举

在现代，国内外已经做大做强的出版社，无不是书刊并举的，单一的图书出版，很难实现跨越式发展。国外大型出版社，杂志的利润多超过图书的利润。国内较大的出版社，杂志的利润也占到相当大的比重。正因为如此，新闻出版总署强力推进"社刊工程"，鼓励和支持出版社办刊物。然而社科出版社至今还没有一个刊物，我们虽几经努力，也没有争取到刊号。现在申请办刊相当困难，因为就全国而言，刊物不是少而是多，结构也很不合理，为控制总量、调整结构，新闻出版总署基本上不增加刊号，而是停一个，补一个。在这种情况下，没有院里的支持，单靠我社自己努力，几乎是不可能申请到刊号的。我院现有八十多种期刊，新闻出版总署在审批刊号的时候，肯定要将我社放在全院中加以考虑，全院既已有这么多期刊，还能再批给我们吗？所以我们寄希望于院里在这方面给予帮助支持。

2003 年 3 月 18 日

在文化体制改革中繁荣学术图书出版[*]

——答《中国社会科学院院报》记者问

●在市场经济条件下，图书市场面临激烈竞争，人文社科图书的经营情况怎样？

■目前社会上有种说法，认为图书市场越来越不景气。我不同意这种说法。从总体上看，国内图书出版市场正处于一个平稳发展的阶段。这可从近年图书出版的品种、每种图书的销量、整个图书销售码洋和利润增长情况的分析中得出结论。我国内地现有560多家出版社，每年出书约18万种，其中新书约12万种，人文社科类图书在12万种中估计占一半多。无论是出书品种还是销售量都在逐年增长。以我社为例，1998年出书品种为190多种，发行码洋3000万元；到2002年出书已达450种，发行码洋7000多万元。我社出版的图书品种已超过国内560多家出版社的平均数。

在肯定成绩的同时，也应当看到人文社科学术图书市场不容乐观。学术类图书由于读者群小，加之有些作品质量不高，

---

　* 本文是在中国社会科学出版社建社25周年之际接受《中国社会科学院院报》记者曹苏红采访的记录，副标题是新加的。

使得以出版此类图书为主的学术出版社经营难度加大。社科出版社就属于这一类。1986 年以前，出版社尚未完全走向市场，那时主要是行政购书，图书的发行量很大，不少书可印到 2 万册以上。图书出版走向市场后，虽然学术类图书的出版品种上升，但发行量却下降了。现在一般学术著作的发行量为 1500—3000 册，印 5000 册的并不多，印 1 万册以上的很少，印 10 万册的更是凤毛麟角。我社出版的学术著作绝大部分依靠出版补贴。一般 25 万至 30 万字的书至少需补贴 3 万元（不付稿费）、卖出 2000 册才略有盈利。按照书店的惯例，图书上架 1 周后卖不动就得下架，过一段时期就向出版社退货。从我社收到的退货看，学术著作居多。

●为扭转学术图书出版经营难问题，你们主要采取了哪些措施，取得了什么实效？

■针对学术类图书市场不景气的问题，我们的对策之一是，变"小众学术"为"大众阅读"。这就要求作品在写作方式、书名、装帧上尽量贴近读者。我认为，那种能够将深奥的理论通俗化表达且语言生动的书，较能赢得读者。近年来，社科出版社在这方面进行了一些尝试，取得了实效。例如，出版的《二十世纪中国百项考古大发现》、《剑桥中国史》、"世界文明大系"、"现实问题报告"系列、"西方现代思想丛书"等，发行量都在 5000 册以上，有的达到 2 万册。这些书很受读者欢迎，已成为我社的品牌书。我们的对策之二是，"以书养书"。即努力开发一些读者普遍欢迎的大众读物，用大众读物创造的利润来补贴学术著作的出版。我社近两年出版的大众读物已占图书品种的 40%。这些图书不仅使社科出版社拥有了更多读者，也以其经济效益有力地支持了学术著作的出版。

●人文社科类图书市场发展前景怎样，社科出版社在提高经营效益方面有哪些设想？

■党的十六大报告提出建立学习型社会和发展文化产业的要求。文化产业就包括出版产业。过去，我们只强调出版业的意识形态特点，对其产业特征认识不够。十六大报告为我们指明了方向。中国加入 WTO，为出版业开拓了广阔的发展空间。国外出版商的进入，将使业内竞争更加激烈。出版集团、发行集团、连锁书店、网上书店、现代物流体系的构建，将会极大地促进国内图书业的迅速发展。外商的进入，也给出版社提出了全新的课题。出版社的分类管理，法人地位的确定，以及内部劳动人事、分配、社会保障三项制度改革，走企业化管理之路，都将提到议事日程，这将极大地促进国内图书业的迅速发展。另外，随着我国人民生活水平的提高，恩格尔系数下降，文化消费水平将会提高，这也将会带动整个文化市场包括图书市场的兴旺。

党的新一代领导集体号召要兴起学习"三个代表"重要思想的新高潮，并且强调"三贴近"，即贴近实际、贴近群众、贴近生活。这对出版工作具有很强的指导意义。现在党中央正在大力推进文化体制改革，有关政府部门正在制定和完善发展出版产业的政策。相信随着文化体制改革的深入，随着出版产业政策的配套、完善，人文社科图书市场将有一个大的发展。学术图书的出版也会越来越景气。

原载 2003 年 7 月 22 日《中国社会科学院院报》

树立品牌，强化管理，拓展市场

一 立足于"大社科"观念，调整出书结构，拓展选题范围，丰富选题种类

近年来，随着出书范围限制的放宽，随着社会科学学科的扩展和进一步普及，我社提出"立足于'大社科'观念，坚持品牌特色、拓展市场空间"的方针，调整选题结构，使选题种类向多样化发展。我们努力作"大社科"文章，在选题结构上，一方面继续组织各类学科高水平的学术专著；另一方面，大力开发各类学科的大众读物，包括时政类、人物类、纪实类、生活类、书画类、游记类、名著赏析类等，使选题的种类大大丰富，读者对象空前广泛，社会效益和经济效益明显提高，社科出版社在社会上的影响力也越来越大。我们调整出书结构、拓展选题范围，绝不是四面出击，毫无侧重，不顾特色，而是始终把学术出版作为主导。我社是以出版学术著作起家的，其品牌特色带有很强的学术性，离开了学术著作，就没有社科出版社的品牌地位。因此，我们在调整出书结构、拓展选题空间的同时，一直把学术著作选题作为重点，规定数量不少于60%。

二　调整编辑人员职责分工,将编辑岗位相对
分解为选题策划岗位和编辑加工岗位

为了强化选题开发、图书策划,强化书稿编辑质量,充分发挥每个编辑人员的特长,我社将编辑职责加以分解,独立设立策划编辑和文字编辑,使其工作各有侧重。具体做法是:在现有编辑人员中遴选出八名活动能力强和策划经验丰富的人作为图书策划主管,他们的职责主要不是编辑书稿,而是开发选题,对重点书稿的设计、制作、成本、定价、印数等实行全程策划,复审书稿,策划宣传。对他们不再规定编辑加工书稿指标,而是规定组稿和创利指标。其他人员都作为文字编辑,主要职责是编辑加工书稿,对他们不再规定组织选题的指标,而是规定发稿数量和质量指标。实行策划编辑和文字编辑岗位分设后,效果较好。策划选题的数量比过去明显增多,社会效益和经济效益都好的选题比过去明显增加,图书发行数量、出版进度都有所加快。

三　加强对文字编辑的统一调度,
尽可能做到审稿专业对口

为了提高图书编辑质量,我们结合策划编辑和文字编辑岗位分设,加强对文字编辑审读加工的统一调度。尽量做到一部书稿在整个编辑部范围内选择相近专业的文字编辑来审读加工。不仅是责编,终审也由以前一个人负责一两个编辑室的分工,变为大致按所学专业决审的分工。

四　加大劳动收入向编辑业务人员和重要岗位人员特别是选题策划人员的倾斜力度，使报酬更合理地反映责任和贡献

收入分配对一个企业来说是头等重要的问题，平均主义、"大锅饭"已被证明是伤害劳动积极性、阻碍生产发展的大敌，不破除平均主义、"大锅饭"，出版社不可能办好。我社新领导班子上任后，一直非常重视并且下大决心调整了收入分配政策。按照效率优先、兼顾公平的原则，结合目标管理责任制的实施，把各类人员的收入与其岗位责任、劳动绩效紧密挂钩。按照目标管理制，工作中能量化的指标都量化，奖金按完成工作量的多少领取；不能量化的按岗位职责和任务加以考核，按一定系数领取奖金。在使收入与责任、绩效挂钩的基础上，重视劳动收入向编辑业务人员和重要岗位人员特别是选题策划人员倾斜。近几年，我们在普遍提高各类人员收入的基础上，加大了上述人员收入的提高幅度，使这部分人与其他人员的收入差距拉大到较为合理的程度。

五　把为群众办实事作为重要计划目标

为职工群众办实事，不仅是调动他们的积极性、顺利完成经营任务的需要。更是我党全心全意为人民服务宗旨的要求。我们在工作中力求充分体现人文关怀。我社每年在制定工作计划时，都要明确写上当年要为职工办哪几件实事，包括提高多少比例的收入，在改善工作条件、组织参观活动，以及卫生保

健方面都要做些什么实事等，到年终检查落实。这些目标虽然看上去琐碎，但事关职工利益，事关出版工作的成败。由于我们重视为职工办实事，增强了出版社的凝聚力，有效地推动了出版工作的全面开展。

原载 2003 年 10 月 9 日《中国社会科学院院报》

刹住伪造引进版图书的歪风

人们早已熟知假烟假酒，但可能还未听说过有假书（这里说的不是盗版书）。近年来，我国图书市场上出现了一批伪造的引进版图书，就是地地道道的假书。一些不法书商发现国外某种图书畅销，就搬用或仿冒该书的书名，假造一本，在中国大陆通过出版社堂而皇之地出版发行。比如目前畅销的几本书——《没有任何借口》（机械工业出版社）、《培养男子汉》（海潮出版社）、《西点法则》（民主与法制出版社），就是这类假书。

不法书商利用中国读者对国外畅销书（特别是管理类）的青睐心理，以假乱真，蒙蔽读者，大发横财，在书界造成了恶劣影响。现以上述几本假书为例，揭露他们造假的恶劣行径。

一 造假的手段

不法书商编造引进版假书一般采取以下几种手段：

第一，盗用或仿冒外文原版书名。他们了解到国外某种图书在亚马逊书店网站和 GOOGLE 搜索引擎上被列入畅销书排行榜，或国内某种引进版图书在全国畅销，就盗用、仿冒原版书名，突击编造一本，贴上洋人的标签，包装成引进版。比如，原版英文书名为《NO EXCUSE LEADERSHIP》（可翻译为《没有任何借口》），假书也以《没有任何借口》为书名，并衍生出《没有任何借口Ⅱ》、《没有任何借口全集》；原版英文书名为《BRINGING UP BOYS》（翻译为《培育男孩》），假书仿冒书名为《培养男子汉》、《塑造男子汉》；原版英文书名为《THE WEST POINT WAY OF LEADERSHIP》（翻译为《西点领导课》），假书仿冒书名为《西点法则》，如此等等。这些假书都在封面上同时注有英文书名。

第二，伪造外国作者或盗用正版书作者名字。造假者为了给人以引进版畅销书的假象，都无一例外地伪造一两个外国人名为作者，而且都编有作者简介印于勒口。比如：假书《没有任何借口》的著者为"［美］费拉尔·凯普（Ferrar Cape）"；假书《培养男子汉》的著者为"［英］威廉·曼斯菲尔德伯爵（William Mansfield）"。经在国外查询，根本没有这些作者出版上述图书。有的假书如《西点法则》则直接盗用正版书作者的名字。

第三，伪造书评语、编造虚假广告。这些假书都在封面、封底或书腰上刊登伪造的书评语和虚假广告。如伪版《没有任何借口》在封底印有所谓"《纽约时报书评》"，称"《没有任何借口》被誉为最完美的企业员工培训读本。它应当像员工手册一样，分发给企业的每一位员工"。并把"最完美的企业员工培训读本"作为广告语印在封面和封底的显著位置上。这句所谓《纽约时报》的书评语到了假书《没有任何借口Ⅱ》的封底又变成了"《华尔街日报》"的书评语了。假书《培养男子汉》在封面最上方印有"有史以来培训男人最经典的教科书"的虚假广告，在书腰上印有"全球26种文字，畅销6000000

册"、"美国家长协会推荐书第一名"、"美国著名男性杂志《MAN'S》列为成功男子必读书" 的更为离奇的虚假广告。在所谓"译者前言"中还胡诌"这本书早已经在欧洲各地发行"。假书《西点法则》在封底印有"美国总统推荐给所有公司员工的管理经典"和"美国《商业周刊》评选的十部有史以来最伟大的公司管理经典"的广告语，在第二句广告语里把《西点法则》列为十部经典书的首位。更为滑稽的是，该书的书腰广告竟称此书是"全球畅销八亿多册的培训经典"和"有史以来最畅销管理图书第一"。经查，这些书评语和广告语的内容都是虚假的。

第四，打着"翻译"旗号临时拼凑内容。这些假书无一例外地在封面上注有"×××编译"字样，但其内容都是造假者自己策划拼凑的，不是由外版书原文翻译而来，比如《培养男子汉——威廉·曼斯菲尔德写给儿子的信》不仅作者和外文书名不存在，内容也全是造假者现编的。只有个别假书如《西点法则》的部分内容是从外版书原文剽译过来的。假书所拼凑的内容都是很肤浅的知识和道理，没有任何新意，完全可以说是粗制滥造。有的还宣扬错误理念，如机工版《没有任何借口》把美国西点军校的军规搬用到企业，强调员工对公司老板要"没有任何借口"地绝对"服从"，宣扬"奴性"，与原版书培养"执行力"、宣扬"一个理想团队中的每个成员都是某种意义上的领导者"的理念大相径庭。

二　造假者钻的空子

假书之所以能堂而皇之地公开出版，广为发行，是因为其炮制者会钻空子，"打擦边球"，现行法规对之不易制裁。他们钻的第一个空子是：利用原外版书书名，贴近其内容，作与其不同的文章，回避剽窃抄袭嫌疑。他们借用的只是外版书书名的概念和内容的大意，而不是剽窃全书文字，内容与原外版书完全不同，让你无法追究侵权。他们钻的第二个空子是：以"编译"作品名目而不是以"译"作名目出版，打马虎眼，回避侵权。若用"译作"名目（封面注明"×××译"），必须有某外文原版书为底本，若底本在国外不存在，那就很容易被发现而露马脚；而用"编译"名目，假书的内容给人印象是从众多外文书中摘译而来，其来源是否真实，不易被人察觉，版权贸易合同登记号也似乎有理由不刊登。他们钻的第三个空子是：编造的内容不出格，避免引起监管部门注意。假书所攒的内容既不是格调低下的，也不是反动的，因为书名响亮，炒作厉害，还往往受到"读者欢迎、市场欢迎"，于是就冒充好书而明目张胆地大量印发。

假书的策划者自以为钻了以上空子，就可逃避法律的追究。其实他们的违法行为是很明显的。他们在书上捏造外国作者，伪造外国书评和虚假发行量，以自编的书冒充引进的书，首先欺骗了广大读者，侵犯了读者的知情权，违反了《消费者权益保护法》；他们将假书冒充为某外国出版机构出版的，捏造某外国杂志的书评，直接侵犯了人家的名誉权；他们制造假书，刊登虚假广告，以不正当手段推销自己的产品，违反了《反不正当竞争法》；他们将假书冒充为引进版，又不在版权页上注明版权贸易合同登记号，直接违反了出版规定。只要追问一下假书的内容译自哪种外文版本，该外文版本是哪个出版机构出版的、作者是谁，有无向外方购买版权，有无著作权使用授权书，他们的西洋景就可以被戳穿。

　　伪造引进版图书，危害甚大。其一，假书冒充引进版，对原版书的进口造成很大冲击，必然引起国外出版商和著作权人对我国知识产权保护能力的怀疑，从而损害我国的知识产权信誉。其二，不法书商投机取巧，用假书占领市场，把合法引进的正版书排挤出局，扰乱了版权贸易的正常秩序。其三，假书广泛发行，推销平庸、歪曲、错误的内容，使大批读者上当受骗。

　　目前我国图书市场上，冒充引进版的假书已经相当多，造假之风愈演愈烈。我们强烈呼吁：在打击盗版的同时也要打假，必须刹住这股伪造外版书的歪风。

原载 2004 年 11 月 22 日 《新闻出版报》

做客新浪网谈假造引进版图书问题[*]

　　主持人：现在我们的图书市场有一个引进版图书造假的现象。请问张社长，在您的印象中什么时候辨别进口版图书是不是正版成为了一个问题？

　　张树相：冒充引进版图书的歪风，是从近两年开始的，现在已经成为一个问题，并且很严重了。

　　主持人：只是这一两年出现这样的情况，有多严重？

　　张树相：可以说很严重，因为在全国这种冒充引进版的假书至少得有上百种了。

　　主持人：可能读者对这个情况不是很了解，不如两位出版业内的专家了解那么清楚，我们听一听戴东主任怎么说，您认为情况是否像张社长说的，已经到了非常严重的程度？

　　戴东：确实是这样，做这期节目，我们也是希望通过这种方式来呼吁整个出版界、书界重视起来。假书的现象，张社长关注很长时间了，一直想把它公之于众，因为有很多读者在不知情的情况下买了假书。

　　主持人：对于普通读者来说，他们这方面的意识没有那么

---

　　* 本文是 2004 年 11 月 24 日与中国文联出版社综合编辑室主任戴东做客新浪网的访谈记录的删节整理稿，题目是新加的。

强，很多网友在我们的留言板提问，怎么来辨别真假引进版图书，造假现象真的有那么严重吗？

我们请张社长举一些具体实例，来说明有多么严重，怎样辨别真假引进版图书。

张树相：下面我就根据网友的问题来讲一讲自己的看法。

首先讲一讲目前引进版图书造假歪风的严重性。近年来我国的图书市场上出现了一批伪造的引进版图书，如我手里的这本《没有任何借口》，就是地地道道的这类假书。我们知道有假烟、假酒，还没有听说过有假书。盗版的还不能说是假书，但是冒充引进版图书，这是地地道道的假书。一些不法书商发现国外某种图书畅销，就盗用或者仿冒这本书的书名，假造一本，装扮成引进版的模样，通过合法的出版社堂而皇之地出版并在图书市场上发行。我们所说的假书就是指的这种。

主持人：我买了一本名为《第一次的亲密接触》的书，我觉得印刷质量有问题，不是正规出版社出版的，假书不是指这种？

张树相：那是盗版书，不是假书，两者不一样。那种包装成外版书模样，实际上不是外版书的，我们叫假书，或者伪书。

现在制造假外版书之风刮得很厉害了，目前这样的书在图书市场上出现很多，我估计全国不下一百种。仅冒充我们中国社会科学出版社引进版的假书就不下三十种，如冒充《没有任何借口》的假书有《没有任何借口》、《没有任何借口Ⅱ》、《没有任何借口全集》、《没有任何借口终结版》等；冒充《培育男孩》的假书有《培育男子汉》、《塑造男子汉》等；冒充《西点领导课》的假书有《西点法则》；冒充《周一清晨的服务课》、《周一清晨的女性领导课》、《80/20定律》、《美国陆军领导力手册》的假书也都各有一批。这些书炒得很厉害，内容很粗糙，影响很坏。

下面我说一说为什么书商要编造这类假书？因为国外有些书特别是管理类图书上了亚马逊书店网站的畅销书排行榜，在国外打响了，写得有新意，也有实用性，不法书商意识到中国人对外国的东西有好奇心理，这些书如果引进国内也会很畅销，很赚钱，于是就打起这些书的主意。他们心里清楚，如果正规引进，花钱多，费力大，还有风险，不如假书划算。攒假书只是雇佣写手利用人家的书名或大概意思胡乱编一本，来得容易，而且既不用花钱购买版权，也不用找人翻译，花翻译费，以很低的成本就把钱赚了。这就是不法书商炮制假书的直接动因。

我再简单讲一讲他们造假的手段。为了识别假书，我们必须了解他们造假的手段，一般有这么几种：

第一种手段，盗用或仿冒国外原版书名。比如国外原版是《没有任何借口》，他也来一个《没有任何借囗》，书名一样；国外原版是《培育男孩》，他也来一个《培养男子汉》或者是《塑造男子汉》，书名类似。这是一种手段。

第二种手段，伪造外国作者。图书都要有作者署名，国外图书署有国外作者，造假者为了冒充引进版，在假书上也标署一个外国作者，比如《没有任何借口》这本书，标署的是"凯普著"，"凯普"还有英文字样。

主持人：实际情况呢？

张树相：实际是，经过原版书的出版商美国威力出版公司在美国的出版家协会调查，根本就没有一个叫做"凯普"的人著书的任何资料，完全是假的，凭空捏造的。当然也有个别的书是照搬作者原名，但一般的都是假造作者。

戴东：张社长，它这本书（指《没有任何借口》）的内容据我所知跟社科出版社的完全不同。

张树相：是的，我下面接着讲造假的手段。

第三种手段，就是伪造书评语，编造虚假广告。比如《没有任何借口》这本书，他伪造了一段《纽约时报》的书评，说这本书是"最完美的企业员工读本，它应该像员工手册一样，分发给每一位员工"。后来到《纽约时报》查询，根本没有这个书评，完全是假造的。再看虚假广告，比如《塑造男子汉》一书有这样的广告语："它是有史以来最畅销的佳书之一，发行超过6000000万册"，这是胡说八道，根本没有的事！

第四种手段，是打"编译"的旗号。"编译"顾名思义，是把从多种或某一种外文书中摘译出来的内容编辑在一起，但假书根本没有"译"的内容，也就根本谈不到什么"编译"，而是捉刀代笔利用人家的书名或大概意思擅自拼凑的内容。造假者很狡猾，打"编译"旗号不易追究其侵犯著作权，因为他并没有侵犯任何一个人的著作权，谁也不会去追究他。

上述四种手段就是不法书商制造假外版书的惯用伎俩。

网友：这样的情况没有想到，这是否表明现在图书市场非常混乱？如果是的话，请张社长给我们谈谈为什么这么乱？是不是有潜规则存在着，而且没有人揭露他们？

张树相：应该说这种现象反映了目前图书市场的混乱，也还没有引起管理者和广大读者的足够注意，因为目前对于这种假书，我们还缺乏明确的管理法规，或司法解释，不法书商正是钻了这个空子，采取上述手段欺骗读者。

但是细究起来，不法书商这种做法，实际上是违法了。我认为，首先违反了《反不正当竞争法》；其次违反了《消费者权益保护法》，他欺骗读者了，本来是假外版书，当真的外版书卖，欺骗读者了，这就是违法。此外，假书没有版权贸易合同登记号，违反了出版法规，从这一点说也违法了。但是因为这些书的内容不是格调低下的，也不是黄色淫秽的，更不是反动的，这就不大容易引起管理者的注意，读者也不容易辨别真假，所以这种造假行为此前还没有人管。

主持人：属于没有人管的情况？

张树相：此前没有人管，据我所知现在有人过问了。

主持人：现状是不是这样：老百姓并不清楚，但业内人士、图书出版界、书商，大家都心里有数？

张树相：心照不宣。

主持人：国内最早出的这本《没有任何借口》是真的还是假的？

戴东：这本书是假书，但是刚上市的时候，我们出版社、我们编辑室还觉得很不错，因为对《没有任何借口》的书名我们都很了解，是很有名的外版书，而且在国外很畅销。

张树相：《没有任何借口》是美国游骑兵的一个重要行为准则，这个行为准则被推而广之应用于企业了。

戴东：我不怕张社长笑话，我也曾经买过一本，当时没有意识到这是一本假书，反而觉得有些内容还不错，因为造假基本上选择的是立志类和管理类书籍，这类书对我们很实用，本来就具备畅销书基因，而这本书又早已听说在国外是成功的畅销书了，所以它的内容乍看起来确实不易辨别。

主持人：刚开始我还问你，印刷精美，有作者中英文名字，标明"编译"，还有书评，打开以后内容健康，到底是真是假的？我们就是要聊这个话题。

网友：我知道《没有任何借口》很有名，源于西点军校一种思想。但是现在听到你们新浪读书频道说它不是真书，很吃惊。

主持人：我想包括我，包括戴女士，都会感到上当受骗了。

网友：是谁做这样的事情？为什么能够以假乱真？

张树相：业内人士很清楚，几乎都是不法书商所为，当然有些出版社也脱不了干系，他们知道是怎么回事，但睁只眼闭只眼，觉得好销，内容上没有什么严重问题，他就出版。基本上是这么一种情况。

网友：闹了半天，是被骗了，我准备找一些假书摆到西单图书大厦门口撕书去，引起大家的重视。

主持人：假书是在正规出版社出版的，也会在正规渠道发行，大家心里明白，这是图书界潜规则。刚才说现在开始有人管了，开始有谁管了？

张树相：据我所知政府主管部门开始过问这件事情。下面我想说它的危害性。这些书都是通过合法的出版社堂而皇之地出版，而且也是在正规的发行渠道发行，很多大卖场，包括北京的王府井书店，外地的各大书店，都摆着这些假书，而且争相进货，重点推荐，发行量相当可观。这样就造成很大危害。我们认为危害至少有三个方面：

第一，假书冒充引进版，对原版书的进口造成很大冲击。我们知道，引进原版书是有一系列程序的，比如要跟外国版权方谈判，花钱买他的版权，再找人翻译，然后编辑加工，再出版发行，它有这么一系列的环节，往往要经过半年到一年甚至更长的时间。而假书却不要经过这么多环节和这么长的过程，它很快就推出而占领市场了，比如假书《没有任何借口》早在去年就出版了，我社的正版今年才出，它比正版早好几个月占领市场，那么我们的正版书就只能束手待毙了。如果放任这样做，将来出版社就不敢引进版权出外版书了，这是第一个危害。

第二，不法书商用投机取巧的方式，以假乱真，使假书大行其道，把正版书排挤出局，破坏了诚信规则，扰乱了图书市场秩序。

第三，以非原版的、甚至歪曲或错误的内容，使大批读者上当受骗。假书的内容都是急就章，编编凑凑，粗制滥造，有的还宣扬错误理念。比如假书《没有任何借口》，宣扬要没有任何借口地绝对服从老板，实际上是宣传奴性，与我们正版书宣传的理念不一样，正版书的理念讲的是培养一种执行力，即培养员工在艰难困苦的情况下，把自己当成领导者发挥自身的作用，假书把这一理念严重歪曲了，这就误导、欺骗了读者。

主持人：张社长谈到几点危害，我想对于读者来说，最大的危害就是花钱买了书，也耗费了精力和时间，也许觉得自己还有些收获，但完全不然，这是很可笑的一种浪费。

网友：面对这种情况你们觉得应该怎么办？你们真的有信心把这种局面扭转吗？会不会很困难？

张树相：我个人还是有信心的，相信这种假书发展到一定程度，我们的政府管理部门是会管的。另外，经过我们对假书的揭露批评，出版社也会抵制这种假书的，广大读者也会注意辨别真假，不再买假书。我相信假书泛滥的局面会改变，只要抓，是能够改变的。

我觉得打击假书比打击盗版，相对来说要容易一些，因为盗版不通过出版社，是暗地里的勾当，很难追查是谁干的，所以很不容易禁绝，往往打掉一批，又冒出一批。但是这种假书要通过出版社出版，只要管理部门制定几条法规，把出版社管住，就很难出版了。

主持人：张社长刚才说对打击假书还是有信心的，戴主任你怎么认为？

戴东：我也有信心，据我所知，政府机构也开始干预这个事情了。实际上，堵住假书还是有办法的。

张树相：应该从制度法规上来杜绝这种现象，应该健全制度法规。我们相信如果有了明确的规制，再造假就容易被识别，就便于追究。

主持人：什么样的管理部门制定？

张树相：主要是新闻出版总署。

主持人：您认为应该从哪些方面制定规则？

张树相：关于引进外版书实际上过去有一些规定，如果再完善一些，严格按规定办，再造假也是不容易的。比如说严格规定引进的外版书必须在版权页上注明版权贸易合同登记号，你要不登我就查你。

另外要在适当的地方做详细版权登记，包括原外版书的书名、版次、出版者；原始版权所有者——是属于作者本身还是属于出版商；谁授权的——作者授权，还是出版商授权；简体中文版归谁所有。如果按规定如实地注明这些内容，管理者和读者就好鉴别了，现在假书一般不敢注这些内容，因为它根本没有这些内容。

主持人：我去买书有可能遇上假的登记号，作为普通消费者，如果他不了解原书内容和在国外的发行情况，很难从内容和外观上看出这本书的问题，怎么办？

张树相：出版社应该把住这个关，比如人家给你拿来一个选题，说是外版书，你要查看有没有版权。因为你出版社要出这本书必须跟外版书的版权所有者签订合同，没有签订合同就不是正式引进，就不能出，出版社要把住这个关，这一关不好在新华书店卡住，因为新华书店很难了解这方面的情况。

主持人：责任落在出版社身上，我们刚才说到出版社未必不知道。

张树相：出版社不是未必不知道，是肯定很清楚。

主持人：如果要确保消费者不买到假书，应该是主管部门严格监督出版社，出版社也要自律，这样才能把假书现象消除。

戴东：其实这也是一个职业道德的问题。

网友：打假是非常难的事情，你们觉得要消除图书造假这种猖獗现象需要多长时间？

张树相：我觉得假造外版书的风气现在已经很盛，如果政府管理部门、出版社、业界人士都引起注意，坚决打击，要把歪风气势压下去，时间并不用很长。可是现在居然有好多人对此漠不关心，不以为然。

网友：张社长，您和出假书的出版社有过沟通和交涉吗？

张树相：我们没有直接的沟通和交涉，但是我们召开过《没有任何借口》新书发布会，在发布会上说明了我们这个书是唯一引进正版，揭露了一些同名书是假书。当该书造假的出版社知道我们批评了他们以后，他们急忙利用媒体加以辩解，我们后来又对他们的辩解提出反驳。我们之间只有过这种沟通。

最近我还在社科出版社网站上发了一篇文章，题为"刹住伪造引进版图书的歪风"，这篇文章就是公开批评造假者的，包括出版社。

主持人：在舆论上有一定的影响力和呼吁性。

网友：我想知道出假书的出版社是怎么回应的？

张树相：有两位假书的责任人代表他们的出版社，对我们的揭露提出指责，并无理狡辩。他们说：我们的书是请美国作者写的本版书，不是假的，出在你们的前面，你们反而说我们是假的，这是倒打一耙，恶人先告状；又说：我们的书内容上没有什么问题，受市场欢迎和读者欢迎，就是好书，你们没理由说三道四；还狡辩：你查不到，就说我这本书的作者是假的，没有道理，你查不到是因为这个作者是笔名。诸如此类的狡辩和指责还有一些。这就是某假书出版社对我们的回应。

网友：作为消费者来说，如果我觉得我买了假书，而且得到某种渠道的确认，我能以消费者的名义起诉他们吗？

张树相：我个人认为完全可以。为什么？因为它是假书，假冒的外版书，完全侵犯了消费者的知情权，消费者自己花了钱买上当，自己的权益受到侵犯了，当然可以到消协去投诉，到法院去起诉，这是非常合理的。

网友：张社长，像你们这样站出来呼吁的出版社或者个人有多少？

张树相：我还没有听到别的出版社呼吁这件事，但有个别人开始揭露假书了。

戴东：出版社正式呼吁的，张社长是第一个。

网友：张社长，你个人，包括你们出版社不怕惹麻烦？现在有麻烦上身吗？

张树相：现在没有什么麻烦，这个有什么害怕的？打击不正之风，弘扬正气，有什么可怕的？麻烦可能会有的，但是到现在还没有遇到麻烦。我想造假者他不敢对我倒打一耙的，顶多是在报纸上进行辩解，指责几句。他敢告我？我相信他不敢，他如果敢告我，我正想跟他对簿公堂。

戴东：这里面还有法律的完善。

张树相：但是现在我要去告造假出版社，也有一定困难，现在这方面法规不太健全，这种造假行为对我社何以构成侵权，还难以找到明确的法律依据。

主持人：要告的话，可能在短期之内不会解决，而且成本太高。

张树相：只有消费者知道是假书了，可以投诉。

主持人：请两位嘉宾最后给我们说一说你们出版社最新出版了哪些国外引进的有名的畅销书，大家听了这些书名以后，再看到书时对我们分辨真假有帮助。

张树相：近期我们社科出版社要出的几种书，都是引进版，值得和大家说一说。它们是：《松鼠公司》、《我为伊狂：美国西南航空商业传奇》、《80/20定律》、《西点领导课》、《金克拉销售圣经》，这些书，我们预测会受读者欢迎，希望广大读者关注一下。

戴东：要认准"中国社会科学出版社"的牌子。

张树相：我相信这些书已经开始有造假了，《西点领导课》我们还没出书，《西点法则》已经出来了，《80/20定律》已有很多假冒版了。

主持人：我们网友经过一个小时和两位的交流，应该有了很大的收获，大家一定要注意，如果你喜欢看这样的畅销书，一定要认清了，买正版的，别让自己的阅读喜好和资金都浪费掉。

最后谢谢两位嘉宾做客新浪嘉宾聊天室，我想我们新浪网，包括我们的读书频道还会继续关注假书这一现象，让我们共同努力抵制出版业的这种不良风气。谢谢各位网友，下期再见。

原载 2005 年 1 月 21 日新浪网"新浪读书"专栏

就出版社发展思路等问题答网友[*]

主持人：贵社的出版理念是什么？

张树相：社科出版社的出版理念可以用一句话概括，就是"传播学术经典，关注大众阅读"。所谓传播学术经典就是要发掘和传承学术理论精华，弘扬学术文化；所谓关注大众阅读，就是按照"三贴近"原则，将学术理论、科学知识尽可能地以通俗易懂、喜闻乐见的形式传播给人民大众，为他们所掌握。

主持人：贵社赖以发展的优良传统有哪些？

张树相：社科出版社在二十七年的奋斗历程中形成了自己的一套传统，这套传统主要主要有以下几点：

第一，编校工作严谨，精品意识很强。出版社对图书的编校制度非常重视，建立了严密的规章制度，采取了一整套管理措施，众多编校人员相互熏陶，养成了对作者、读者高度负责的精神和严谨的工作作风。对书稿内容和文字质量严格把关，一丝不苟，从而基本保障了本社的图书成为读者信得过的产品。严谨的工作作风源于精品意识，社科员工重视打造精品，务求向人民群众提供最好的精神食粮。二十七年来出版了大批精品

---

　* 本文是做客人民网"强国·文化"论坛访谈记录（文松辉整理）的删节稿，题目是新加的。

图书，深受广大读者欢迎。正因为如此，出版社品牌地位在不断提高。

第二，高扬学术旗帜，钟情学术著作出版。社科社是以出版学术著作起家的，为学术服务，坚持并领先学术著作出版是社科社员工的共同理念。尽管在市场经济条件下，学术图书出版因为经济效益差而越来越困难，但是我们不改初衷，至今每年出版的学术著作仍占60%以上。咬定学术不放松，出于对学术重要性的认识和弘扬学术文化的责任感，也出于以下这样的共识：离开学术就没有社科出版社的名牌地位。由于坚持学术出版，社科社受到广大学者的特殊关爱，高水平的作品源源而来。

第三，贯彻"双百"方针，兼容百家之言。社科社的编辑人员崇尚科学、反对迷信，他们坚信要发展社会科学，必须坚持"百花齐放，百家争鸣"，允许不同的学术观点发表。凡是讲求科学，见解独到的作品在我们社都可以出版。由于忠实贯彻"双百"方针，社科社出版了许多敢讲真话，有真知灼见的作品。比如在"伪气功"、"法轮功"利用政策的空子大肆鼓噪之时，我们社在全国最先出版了批判"伪气功"、"法轮功"的学术著作，为捍卫科学尽了一分职责。

第四，思想开放，与时俱进。我们社的编辑人员细心体察时代脉搏，自觉地顺应时代潮流。在编辑工作中，不拘泥于旧的传统，敢于突破"左"的观念束缚，善于发现并乐于扶持新生事物、进步思想，不断出版新锐之作。在改革开放的每个重要关头，每个重大理论和实践问题上，都有从社科出版社的图书中发出的新声音。一大批本国的和翻译的图书散发着时代气息，使人耳目一新，有的甚至振聋发聩。正是这种开放的胸怀和与时俱进的品格，使社科出版社赢得了社会各界的敬重。

三色猫：请问贵社的图书出版环节有哪些？

张树相：我们出版社图书出版的环节大体上和其他出版社是一样的。首先，要由编辑提出选题，呈交论证和审批。选题批准以后初步审稿，如果内容可以接受的话，我们就和作者签订出版合同。然后进行三审三校、封面设计，再由印制人员联系印厂进行印刷。在此期间还有质量检查。书印出来以后要经过领导批准发行，才能入库。

曾点：请问社长，社科图书选题是怎样考虑市场需求的？经费上国家有没有补贴？有些学术著作并没有很大市场空间，贵社怎样解决这个问题？

张树相：社科出版社是以出版学术著作为主的，在经费上国家没有任何补贴。改革开放、面对市场竞争以来，我们是通过选题策划，尽量策划一些发行量大的图书，以一些大众读物来贴补学术著作的出版。这几年，我们在出版学术著作的同时，按照"大社科"视野调整了选题结构，拓宽了出书范围，也出版了一些时政类、人物类、纪实类、生活类、游记类、名著欣赏类大众读物。但是，所占的比例并不多，没有超过40%。我们主要是通过这样的办法来适应市场的。当然，我们对学术类的选题也尽量考虑到发行量，尽量选择一些市场需求比较大的学术图书，但是这样的书不多。我们出版社虽然没有国家给予的经费补贴，但是我们出版的学术著作一般来说都是要出版补贴的。因为学术著作发行量很小，如果没有出版补贴就会亏本。那样的话，对以出版学术著作为主的社科出版社来说，就不好生存了。所以，我们一方面出版一些尽量有补贴的学术著作，另一方面，也策划出版一些大众读物。主要靠这些大众读物提高市场竞争力，提高经济效益，用于补贴学术著作出版。

三色猫：社长好！请问贵社出好书的原则是什么？

张树相：我们出版社出好书的原则，首先是内容要科学，导向要正确，有较高的学术价值、思想价值、文化积累价值。另外，在市场上发行量尽量要大，社会效益和经济效益都好。有些好书的读者面是比较小的，这是事实。比如纯学术著作，读者面不可能很大，但它也是好书。因为它有学术价值、文化价值。对这样的书，即使不挣钱，我们作为承担弘扬学术责任的社会科学出版社，也要有选择地出版。

曾点：社科出版社有没有加入出版集团？就是说体制上是自负盈亏，还是享受国家补贴？体制明确才好谈发展。

张树相：社科出版社目前还没有加入出版集团。我们属于自负盈亏的出版单位，没有享受国家的补贴。现在在体制上是一种经营型的事业单位。按照新闻出版总署的改革设想、改革思路，我们出版社同样要转制为企业。这对我们来说是一个很大的挑战。

夏天到了：中国社会科学出版社是一个大社，并且在我的概念中是出版社会科学图书的权威的出版社，但现在学术书经济效益不是很好，而且很多出版社都出现媚俗或跟风现象，我想问社长，怎么看这些问题？

张树相：学术书经济效益确实不是很好，但是不能为了单纯的经济效益而忽视或放弃社会效益。网友说的出版社出现媚俗和跟风现象，我认为不好。这是只顾经济效益不顾社会效益的表现，不能助长这种风气。但是像我们这类出版社出版一些大众读物、通俗读物这是应该提倡的。因为就我们出版社来说，出版普及类读物也是我们的题中应有之义。因为社会科学既需要提高，也需要普及；既需要学者写书看书，也要有大众阅读。

主持人：有句话叫"好酒也怕巷子深"，出版市场也是如此。请问贵社在图书策划与市场运作上有何良好经验？你们的出版策略是什么？

张树相：图书的策划对出版社的发展是非常关键的，创新必须靠策划，没有很好的策划，就没有好选题，也就没有好的图书出版，从而没有好的效益，也没有市场竞争力，所以我们出版社非常重视图书的策划。为了加强图书的策划，我们实行了以策划为重的编辑体制，将过去的图书编辑进行分工，让一部分活动能力较强、思路比较活跃、对图书选题的审视经验比较丰富的编辑相对独立出来，专门搞图书策划，不让他们以审稿为主，而是以图书策划为主，其他编辑主要是案头编辑。这种体制实行了两年，效果很好。

另外，我们在市场运作上也很注重策划。我们今年专门成立了图书营销策划部，配备专人对图书市场营销进行策划。我们几乎每个月都选择一两本书做重点的营销策划。对图书对象进行调研，对市场需求进行调研，对图书的内容采取各种方式加以宣传推广。所以说我们出版社的市场竞争力在逐步提高。

为了开拓图书市场，提高我们社图书的市场占有率，我们在发行方面也作了一些改革。今年发行部实行二级核算，给了发行部较多的自主权。现在看来效果是比较好的。

文学大王：中国社会科学出版社成立的历史不长，但在人文社会科学方面的出版物在读者心中却享有很高的声誉，曾有读者说你们社是人文社会科学出版物的殿堂。在社长您看来，贵社何以能获读者如此好评？

张树相：读者说我们"是人文社会科学出版物的殿堂"，这是对我们社很高的评价，我们感到还名不副实。今后一定要争取做人文社会科学出版物的殿堂。何以获得读者的好评？主要还是靠我们出版的精品图书。刚才已经说了我们非常尊重读者，在出版物的编校质量上我们是很负责任的，这就是对读者负责。我们每天都在千方百计琢磨策划怎么样为读者提供上好的精神食粮，怎样让读者爱看我们的书，在这个方面我们做了大量工作。因此，还是出版了一些受到读者好评的图书，也希望读者继续关注我们出版社，多关心我们出版社，多给我们支持，多给我们提意见和建议。我们一定按江总书记的要求，按照"三贴近"的原则，继续出版读者爱看的好书，进一步赢得广大读者的好评。

主持人：贵社在发展过程中遇到那些主要问题？当前它的发展瓶颈是啥？是否有好的应对策略？

张树相：就我个人理解，我们出版社在发展过程中，如果说瓶颈的话，学术著作出版本身就是瓶颈。我们出版社的定位是以出版学术著作为主，而学术著作是小众读物，发行量小。在这种情况下，我们还要发展，这本身就是一对矛盾。我认为，中国社会科学出版社以出版学术著作为主的定位是对的，我们国家应该有这样的一两家出版社。这类出版社能够为学术著作出版难解决一些问题，对繁荣发展哲学社会科学有用处，有好处。但是如果仅靠学术著作出版要取得大的发展，我认为很难。因此从这个意义上说，这是我们出版社发展的瓶颈。我认为学术出版社不能企图让它有什么跨越式的发展，只要让它较好地生存就可以了。那么，怎么样生存？在社会主义市场经济条件下，它没有竞争力，你怎么让它生存？我认为主要应该靠国家政策扶持，不要把它完全推到市场不管。现在我们国家对学术出版是有扶持的，比如说学术著作的出版都给予学术补贴，但是我认为今后政策扶持的力度还应加大，对出版的补贴还应增加。只有这样，像我们这类搞学术著作出版的出版社才能够生存，也才能够有些发展。那么，是否有好的应对策略？我觉得刚才我说的就是一个最主要的应对策略。当然，出版社自身的发展也不能完全依赖国家扶持，我们自己还要想方设法开拓选题，多策划出版畅销书和长销书，用这种办法提高市场竞争力、市场占有率，来弥补和维持我们的主业——学术著作出版。

主持人：面对当前国内国际出版情势，贵社如何在改革中发展？今后有何战略思考？

张树相：我们的战略思考或者叫发展思路主要有这么几点：

第一点，要坚持"大社科"视野，这是针对选题结构而言的。所谓"大社科"视野，就是我们在学科范围上，既要坚持文史哲经传统学科，也要拓展交叉学科、新型学科；从出版物的属性上说，既要出版学术著作，也要出版通俗读物、大众读物；从图书的读者对象来说，我们出版的图书既要适应高层次文化的读者，也要适应中低层次文化的读者。我所说的坚持"大社科"视野就是这个意思。

第二点，要靠品牌立足。品牌是一个出版社的立社之本，没有品牌就没有地位。比如说商务印书馆有《现代汉语词典》、《新华字典》，这是它的品牌；中华书局有《二十四史》，这是它的品牌；人民出版社有马列经典著作和一些大家的学术经典著作，这是它的品牌；外研社则有《新概念英语》、《许国璋英语》等，这些都是自己的品牌。如果没有这些品牌就没有他们的地位，这些出版社的品牌地位就是靠这些品牌书确立的。同样，我们中国社会科学出版社也有比较好的品牌，今后要继续抓精品图书、名牌图书，只有这样才能立于不败之地。

第三点，要坚持学术特色。一个出版社必须有自身的特色，中国社会科学出版社是以出版学术著作起家的，出版学术著作是它的特色。如果取消了这个特色，我认为就没有社科出版社的品牌地位。所以说今后不管有什么困难，我们仍然要继续坚持出版学术著作的特色。

第四点，要以"名社"为取向。我们不希图我们的出版社做得多么大，刚才说了，靠出版学术著作做大的可能性很小。但是我们要求名社，不求"大"但要求"名"。我们要千方百计地保持我们名社的地位，维护自己的名誉，扩展自己的品牌，争取让它进一步享誉中外，在广大读者的心目中有我们出版社。只有这样，我们出版社才能够永远立足。

步溪月：我一直搞不懂出版社的社长和总编辑各负责什么？

张树相：根据我个人的理解，出版社的社长是法人代表，对出版社的工作负全责，主要是对出版社进行全面管理。而总编辑主要是协助社长对选题和编辑工作进行管理。

庐山：尊敬的社长：作为一名老出版人，你最想对有志于从事出版业的青年朋友说一句什么话？

张树相：我想说，我很佩服你们准备一辈子"为他人作嫁衣裳"。做编辑要耐得住寂寞。

庐山：谢谢嘉宾的劝勉。现在许多出版社卖书号，嘉宾怎么看出版社这种"吃软饭"、"出软书"的现象？

张树相：首先，我不认为有许多出版社卖书号，但是我知道有些出版社在合作出书。什么叫买卖书号？那是将国家的出版权随意出让给社会上的一些文化公司，或出让给没有出版权的个人，以此来谋取利益。比如说，给出版社多少钱，我就给你一个书号，你自己去出书，这就是买卖书号。这种买卖书号的现象是违反新闻出版总署的规定的，是对广大读者不负责任的。买卖书号出版的图书经常会出现一些政治性错误，造成很不好的社会影响。另外也不利于出版社本身策划选题，使出版社产生了一种对选题的等待、依赖思想，这就是吃"现成饭"，或者叫做"吃软饭"。

文学大王：贵社也有图书获得过国家图书奖，请问社长对这些奖项如何看？

张树相：国家图书奖是出版界的最高荣誉奖，这是党和政府鼓励精品图书出版的重要措施，受到了出版界的普遍欢迎。据我所知出版社评出的国家图书奖确实都是精品、优秀之作，这些图书对于社会主义精神文明建设起到了很好的作用。据我所知，新闻出版总署为了更好地奖励优秀图书，又进一步规范了图书评奖，使图书的评奖少而精，比以前大大压缩。我们相信将来评出的国家大奖质量会比以前更好。

孤松：张社长，你认为当前我国的出版环境如何？应该在哪些方面努力改进？

张树相：总的来说，当前我国的出版环境是好的，但是也存在着问题，而且有的问题还比较严重。比如说，盗版猖獗、伪书泛滥、跟风不断、媚俗现象时有出现，这样就给出版环境带来污染，不利于出版业的健康发展。

应该在哪些方面进行改进呢？首先，我们出版人应该加强道德自律，就是不要出版有政治问题、低俗跟风的图书，更不要出伪书。另外一方面希望有关政府管理部门进一步加强管理，加大对违法违规现象的打击力度，努力净化出版环境。

主持人：如果要你对新闻出版总署或图书出版界提点建议，你最想提的是什么？

张树相：我想就是加快改革步伐。目前出版社的现行体制确实不利于它的发展，必须尽快转制，及时由经营型事业单位转变为企业单位，实行现代企业制度，只有这样才能够增强出版社的活力，才能谈得上出版社的发展。

主持人：由于时间的关系，今天的访谈到此结束。谢谢张社长的精彩回答！谢谢网友的参与！

张树相：感谢人民网的广大网友对我们出版社的关心，感谢网友们提出的问题和与我的交流，希望网友今后进一步和我们出版社加强联系，对我们给予批评、帮助和支持。最后也感谢人民网给了我这次和网友交流的机会。谢谢大家！

原载 2005 年 6 月 23 日人民网"强国·文化"论坛专栏

今后五年发展的总体思路[*]

今后五年，社科出版社总的目标是：在为繁荣发展哲学社会科学、为我院建设哲学社会科学创新体系提供强有力的出版支持和服务的前提下，将我社建设成为一个年出书品种达1000种，其中70%为学术著作，30%为大众读物，重印书比重达到30%，发行码洋达到1.2亿元，声誉一流、管理一流的全国哲学社会科学出版重镇。

一　继续坚持"大社科"视野

所谓"大社科"视野，就是说：在出版图书的学科范围方面，既要坚持文、史、哲、经、政、军事、艺术等传统学科，也要进一步拓展交叉学科、新兴学科、边缘学科等非传统学科；从出版物的属性上说，既要出版社科学术著作，并以此为主，也要出版大众性社会科学普及读物；从读者对象上说，既要面对从事专业研究的高文化层次专家学者，也要面对非专业性的

---

　*　本文是提交给社科院的"中国社会科学出版社'十一五'事业发展规划"的节选，即第四部分。

中低等文化层次的大众读者。在今后五年，我们要继续坚持"大社科"视野和发展战略，在进一步突出学术出版定位、重点出版社科学术著作的同时，继续出版一定比例的高品位社会科学普及读物。

二　坚持规模化经营

我们说的规模，包括图书品种的规模、单品种发行量的规模和系列阵势规模。是否注意规模化经营，是出版社发展的关键。首先要注重提高品种规模。上一个五年规划，每年出新书从 200 种提高到 400 种以上，2004 年达到 705 种，使我社图书发行码洋从 1998 年的不到 3000 万元增加到 8600 多万元，经济效益得到大幅度提高，实现了翻两番的目标。所以扩大品种规模至关重要。今后仍然要坚持品种规模。其次，我们要始终强调单品种的发行量达到一定规模。我社是以出版学术著作为主的出版社，60% 的品种发行量都在 3000 册以下，形不成大的生产规模，这就要求我们必须在保持一定品种规模的同时，下大力气优化品种结构，开发有大发行量的图书品种，同时深入发掘市场潜力，促进重印和再版。最后，我们还要特别重视形成系列阵势规模。也就是说，同一专题或类似领域的相关著作，以单本推出，往往形不成阵势，而如果成系列地推出，则能产生规模效应，从而取得较好的效益。在今后五年，我们要更加重视规模化经营，尤其注重提高单品种发行量，提高重印、再版率，使我社图书生产在始终保持必要规模的前提下稳步发展。

三　坚持走品牌之路

品牌是一个出版社的立社之本，没有品牌就没有出版社的地位，比如商务印书馆有《现代汉语词典》、《新华字典》；中华书局有《二十四史》；人民出版社有马列经典著作和一些大家的学术经典著作；外研社则有《新概念英语》、《许国璋英语》等，这些都是品牌书。如果没有这些品牌书就没有这些出版社的地位。同样我们中国社会科学出版社也有很好的品牌，如"社科学术文库"、"剑桥中国史"、"世界文明大系"、"社科博士文库"等。今后要继续抓精品图书、名牌图书。只有这样才能立于不败之地。

四　坚持学术出版特色

一个出版社必须有自身的特色，中国社会科学出版社是以学术出版起家的，学术出版就是它的特色。我们出版社是由国家社会科学最高研究机构——中国社会科学院创办并主管的，这也决定了我们的学术出版特色。27 年来，我们的学术出版特色已得到广大读者特别是专家学者的认可，并将我社塑造成为一个著名品牌。学术出版特色，也形成了我社的优势，今后不管遇到什么样的困难，我们都要毫不动摇地坚持学术出版特色，坚守学术出版阵地，始终占据学术出版制高点。

五　坚持"名社"发展取向

社科出版社已成为"名社"，其知名度和影响力虽赶不上人民出版社、商务印书馆、人民文学出版社等，但差距已不是很大。特别是在社科学术界，我社的知名度和影响力不亚于上述几家出版社，现在全国名牌大学都成套地在我社出书。权威部门统计，我社的学术著作被引用次数仅次于人民出版社、商务印书馆、中华书局，这就说明它的名气和影响力之大。但是学术出版的特色和学术图书单品种发行量的局限，决定了我社在生产规模上持续做大的空间比较有限，如果追求跨越式发展，恐怕不现实，所以我社的发展得另辟蹊径，就是以"名社"为发展取向。所谓"名社"发展取向，就是要注重质的发展、内涵式发展。我们要千方百计保持我们"名社"的地位，通过提高图书质量、提高诚信度、树立良好形象、扩大自我宣传，维护自己的名誉，提升自己的品牌，让我社进一步享誉中外，让广大读者的心目中始终留有我们出版社的好印象。为进一步扩大我社在国际上的影响力，"十一五"期间，要着力策划外向型图书选题，争取有更多的版权输出和图书出口。在打造"名社"、增强我社影响力、提升我社"软实力"的同时，提高经济效益，增强经济实力，力争将我社发展成为"强社"。只有这样，我们才能立足长远。

2005 年 7 月 29 日

人民出版社期刊改革的部署[*]

从去年年末到今年3月，社党组和社委会在领导日常工作的同时，集中精力、下大决心抓了我社期刊的改革。

我社期刊的改革是根据去年年底召开的"新闻出版署直属系统期刊工作会议"的精神进行的，就是贯彻落实这个会议的精神。

这个会议的精神曾在今天参会的人员范围内传达过，社长还特意讲了一席话，实际上就是对我社期刊改革的动员。

署领导对直属系统期刊的改革很重视，并全力加以推动，这也是形势所迫。据说，署直系统期刊的现状很不乐观，在计划经济转轨到市场经济后，署直系统的期刊多数都面临着严重的危机，经营效益每况愈下，其实力和影响与"国家队"越来越不相称。如果再等闲视之，放任自流，"国家队"的地位就保不住了。面对严峻的挑战，这次署里采取了大胆的改革措施，规定期刊单独核算，建独立账号，要求把机制搞活。

署里实际上给了杂志办刊的特殊政策，这是我们早就盼望的。

---

* 本文是1997年3月19日在人民出版社社务委员会和机关党委会联席扩大会上代表社党组和社委会所作的报告(提纲)。

署领导还狠抓会议精神的贯彻落实，要求各单位提出改革方案和具体措施，并向署里汇报。

社党组和社委会认为，署直系统期刊工作会议为我社期刊的经营打开新局面，提供了极好的契机。因此，这段时间，不失时机地抓了本社期刊的改革。

大家都已了解，我社现有的四个期刊——《新华文摘》、《新华月报》、《人物》和《学习》，现在的经营状况都不景气。开办早的前三个期刊，发行量都有较大幅度下降：《新华文摘》从 23 万册下降到 16.7 万册，《新华月报》从 15 万册下降到 2.5 万册，《人物》从 10 万册下降到 5 万册。《学习》杂志开办较晚，三年来发行量始终未超过 3000 册。从经济效益上看，除《新华文摘》尚有利润外，其他三个期刊都无利润，《新华月报》和《人物》仅维持保本，《学习》是亏损的。这里要说明，发行量上不去，甚至下降，利润提不高，甚至下滑，原因是多方面的，不完全在于主观因素。但是在目前这种状况下，如果从主观上再无动于衷，不采取有力措施加以挽救，那么几个期刊都有维持不下去的危险。对此，社党组和社委会早有清醒的认识。但过去苦于没有政策环境，不敢大刀阔斧地动手改革。现在署里为我们创造了良好的政策环境，社领导认为大好机遇到来了，我们决不能错过这一机遇，一定要借这次期刊工作会议的东风，把本社期刊的改革推进一步。这就有了今天要向大家报告的一些改革举措。

经社党组和社委会多次研究，对几个期刊采取了如下一些改革措施：

第一，《学习》杂志停刊。原班人马转为第五图书编辑室，经营图书。分工范围侧重于编辑文化普及类读物、工具书、教辅读物、青年读物。

第二，三个期刊全部实行"二级核算、包定基数、超额分成、亏损自负"的经营管理办法。三年为一个考核期。

《新华文摘》利润基数为260万元，三年内每年递增10%。

《新华月报》第一年利润基数为零，第二年一万元，第三年两万元。

第三，《新华文摘》的两位编辑室副主任都兼任本杂志副主编。

第四，在《人物》杂志实行编辑室负责人竞争上岗。

具体做法是：发动全编辑室的同志提办刊改革方案。哪个方案好，就采纳哪个方案，提出被采纳方案的人如社委会认为可以胜任，就聘用该人担任《人物》杂志编辑室负责人，并由其选聘本室员工。

在《人物》杂志实行这种用人机制，完全出于办好杂志的考虑，没有追究哪个人责任的意图。就是要尽快寻求一个能改变《人物》杂志面貌的方案和更适合的办刊人选。经过动员后，柏玉江和王寅生两位同志合作提出的方案，社党组和社委会研究认为比较可行，并且认为两位同志可以任用，于是就聘任这两位同志分别担任《人物》杂志编辑室正、副主任。原来的两位主任就不再担任原职了，由社里另行安排。

期刊的改革方案确定后，三个期刊编辑室要分别对社委会签订为期三年的责任书。

这次期刊改革，是社党组和社委会对几个期刊负责人的严峻考验，可以说大大加重了他们的责任。社里给你们政策了，给你们条件了，把一大摊子工作很信任地交给你们了，你们得拿出成绩，兑现"军令状"，三年之内必须改变面貌，如果改变不了面貌，发行量和利润下滑或徘徊不前，你们是要承担责任的，到时候主任、副主任可能就当不成了，新一轮竞争上岗就把你们淘汰了。

　　在坐的各位期刊负责人，要抓紧时间制定措施，采取行动，决不能再麻木不仁了。现在用得着毛主席的一句话："多少事，从来急，一万年太久，只争朝夕。"

　　今天的会，把党支部书记和其他部门负责人也召集来，是让大家也了解期刊改革的情况，取得大家对期刊改革的共识。期刊改革不仅仅是期刊编辑部的事，也是大家的事，希望大家都采取积极的态度，支持期刊改革，帮助期刊编辑部把办刊工作搞上去。

学习十五大精神,开创人民出版社工作的新局面

　　党的"十五大",把邓小平理论确立为我们党的指导思想,特别是把建设有中国特色社会主义文化同建设有中国特色社会主义经济、政治一起,作为我国社会主义初级阶段的基本纲领提出,给我们跨世纪的出版工作指明了航程,开辟了广阔的前景,带来了极好的契机。为此,我们按照"十五大"精神初步勾画了人民出版社今后发展的战略思路。

一　进一步深化改革,从改革中求发展

　　人民出版社要求得大发展,最根本的出路在于改革。这次"十五大"提出了"深化文化体制改革,落实和完善文化经济政策"的要求,为出版社的进一步改革和发展提示了大思路。我们认为,"十五大"提出的资产重组、结构调整的问题,公有制实现形式多样化的问题,建立现代企业制度的问题,企业的改组、改造、加强管理的问题,下岗分流、减员增效的问题,建立社会保障体系的问题,坚持按劳分配为主体、多种分配方

式并存的问题，等等，都与出版社紧密相关，都应逐步提上出版社改革的日程。因此我们很赞成出版产业走联合道路、建立出版集团、争取股份上市、跨国经营的思路。我们还设想，全国各家人民出版社在已有的以租型关系为纽带的松散联合的基础上，采取强有力的经济手段，进一步加强联合。

二　加强选题的自主开发，特别是扩展"东方"版图书的选题面

人民出版社作为国家政治书籍出版社，在过去的计划经济体制下，是没有生存危机的。但自从经济体制转轨以来，出版社之间的竞争越来越激烈，原属我社的高效益出版资源被严重分流了。在这种情况下，人民出版社要图生存和发展，必须向自主开发转变，把图书选题的自主开发作为立足的根本。"十五大"报告提出的有中国特色社会主义文化建设的战略部署和"弘扬主旋律，提倡多样化"的原则为我们开发选题开辟了广阔的天地，创造了极为有利的条件，我们一定要以强烈的竞争意识，积极主动地开发更多更好的选题。

加强选题的自主开发，首先是抓重点图书的开发。就是要抓一批不但对精神文明建设是重要的，对出版社的生存和发展也是重要的双效图书。其次是在专业分工范围内扩展选题面。今后，在不超出专业分工和保证把交办任务放在首位的前提下，各学科门类的、中国的、外国的、适应各层次读者需要的，学术的、通俗的、工具类的、资料性的选题，凡有价值和效益的，都要争取。要特别注意适当增加外版图书和工具书选题。第三是要抓出版资源的再开发。就是对已出版的、发行过一段时间

的、仍有再版价值的图书进行修订、重新设计包装或纳入系列，使之焕然一新，从而提高再版率，扩大发行量。

加强选题的自主开发，今后将特别注意扩展"东方"版图书的选题面，努力把"东方"搞活。"东方出版社"是人民出版社的副牌，它的选题适应范围更广，面孔更活，读者面更宽。对于以出版严肃的政治书籍为主的人民出版社来说，是个更宽广的补充舞台。我们一定要很好地利用这个舞台，实现我社选题的多样化，为我社的发展开辟新路。

三　发挥优势,坚持以质取胜的战略

图书的质量，是关系到为人民服务、为社会主义服务的根本方针问题，因而是出版社立社之本。"十五大"报告明确提出，"对新闻出版业要加强管理，优化结构，提高质量"，要"创作出更多思想性艺术性统一的优秀作品"。这是对出版社提出的根本要求，人民出版社的发展必须坚持以质取胜的战略。

坚持以质取胜的战略，首先是要抓图书整体质量的提高。我们要以新闻出版总署关于图书质量管理的规定为准绳，坚决贯彻出版总署颁发的质量保证体系，进一步健全质量检查制度，强化质量管理，严格质量奖罚。

坚持以质取胜的战略，还要抓精品，抓名牌。在提高图书整体质量的基础上，多出精品，多出名牌。我们今后每年都要对各编辑室规定精品、名牌的出书比例，要求保质保量完成。对抓精品、名牌，出版社领导要明确分工，从选题开发直到出书，要全程策划、监督、指导。并且强化奖励制度，对获奖图书的责任人要增加奖励额度。

四　培育新的经济增长点

　　根据图书出版业的发展趋势，出版社的经济增长都不是仅靠单一的图书经营实现的，而是靠多种经营。"十五大"报告提出出版业要优化结构，应当引起我们的思考。我们体会这里包含优化产业结构，提倡多种经营，培育新的经济增长点之意。鉴于此，我社要把培育新的经济增长点作为今后工作的着重点之一。

　　　　　　　　　　　原载《中国图书评论》1997 年第 11 期

浅谈出版社内部管理改革[*]

党的十五大明确提出新闻出版业要"加强管理"，这对出版社来说尤其具有现实意义。随着全国改革开放力度的加大和社会主义市场经济体制的逐步确立，出版社也进行了改革，内部运行机制发生了显著变化，由过去的单纯生产型初步转变为生产经营性。但是，由于出版管理体制还没有发生从事业型向产业型、从适应计划经济体制向适应市场经济体制的根本转变，出版社的企业化管理远未到位，缺乏活力仍然是普遍存在的问题。如何按十五大精神进一步加强出版社内部管理，搞活内部运营机制，是摆在出版社领导面前的最紧迫课题。从目前出版社的实际情况来看，求解这一课题，最需要从目标管理责任制度、收入分配制度、人事用工制度以及专业技术职务评聘制度上多下工夫。

一　关于目标管理责任制

实行目标管理，是现代企业管理的一条重要原则。目标管

---

　* 本文是参加第二期优秀良好出版社、第十一期全国出版社社长总编辑（主编）岗位培训班的结业论文，原以"浅谈出版社内部管理"为题载于高等教育出版社 1999 年 5 月出版的《社长总编辑（主编）论出版》一书。

理责任制，是实行目标管理的一种有效的制度。这种管理制度要求：第一，任何组织都要有明确的目标，有了总目标，还要层层分解，使每个组织层次乃至每个员工都明确各自的职责、任务目标；第二，目标任务尽可能量化，以便于考核，明确区分每层组织和每个员工实现目标、完成任务的情况；第三，要根据规定的目标严格考核，对各级干部和每个员工的实绩作出评定，并兑现奖罚。目标管理责任制在出版社虽已普遍实行，但上述要求还远未落实。目标不明、责任不清、负荷不满、考核不严的现象仍普遍存在。这是当前出版社管理不善的重要表现之一。

出版社的目标管理，主要是围绕社会效益和经济效益目标进行。社会效益目标和经济效益目标都可以具体化，都可以分解。领导者要善于结合本社情况从两个方面具体地、明确地制定出本社的总体目标，并且将总体目标量化分解到各部门乃至各个人。只有这样，才能保证出版任务的完成，取得良好的社会效益和经济效益。

对出版社来说，编辑部是龙头，目标责任制如何在编辑人员中落实，直接关系到出版社的社会效益和经济效益，因而关系到出版社在激烈市场竞争中的生存。我主张"两个效益"指标有必要分解到编辑个人，否则整个出版社的效益就会落空。美国不少出版社就规定了"编辑定额，一个编辑一年至少要组发书稿10—20种"。美国70%以上的学术编辑每年组稿在25种以上。我国外语教学与研究出版社对每个编辑都规定了年度经济效益指标，收到了很好的效果。经济效益指标落实到人并不意味着选题权、终审权、印制权和发行权都交给编辑个人，因而谈不到编印发一条龙的承包。当然，编辑人员的"两个效益"指标还内含有出书品种、发稿字数、编辑质量指标等。把哪些指标落实到个人，落实多少才科学合理，情况比较复杂，这要根据各出版社的具体情况而定。但指标量化、责任到人、定额管理，在出版社编辑部门是势在必行的，这是出版社加强管理的重要一环。出版社的领导者对此绝不能等闲视之。

二 关于收入分配制度

收入分配关系到每个人的切身利益，这是企业员工最关心的问题之一。收入分配是否合理，可以说是一个单位员工积极性能否调动起来的极其重要的因素。正因为如此，每个单位的领导者都不能不把工资奖金管理作为大事来抓。计划经济时期，出版社和其他行业单位一样，平均主义严重，"大锅饭"盛行，干与不干、干多干少一个样，因而制约了人们工作的积极性。改革开放以来，特别是1992年新的工资制度出台以后，情况发生了变化。在出版社，按劳分配原则得到一定程度的体现，起到了明显的激励作用。但目前出版社在收入分配上平均主义倾向仍较严重。不用说收入的福利部分（如书报费、卫生费等）是平均发放的，占工资总额60%的职务工资部分也没有与绩效挂钩，而是固定到人头上。只有占工资总额40%的津贴部分由于政策允许按实际贡献自主发放，才在员工之间体现了一些差距。有的单位连这部分工资也对号入座发放。这说明加强收入分配管理，贯彻落实按劳分配原则，仍然是出版社面临的重要课题。固然，由于管理部门对出版社工资总额控制较死，出版社自主权很少，可供分配的工资不多，要拉开足以能调动积极性的较大差距，余地很有限，但在这种情况下，出版社也并不是无能为力的。关键是要解放思想，打破情面。十五大报告提出"效率优先，兼顾公平"，这是我们在分配上必须坚持的原则。应当在出版社内部打破论资排辈的传统体制，抑制实质上实行的资历工资制，注意运用能力工资制，引入工作评价方法，将员工工资增长同员工工作业绩紧密挂钩。在现有条件下，尽量优化分配方案，使之充分体现奖勤罚懒、奖优罚劣。对贡献突出的员工，应采取特殊政策给以奖励；对表现差的员工，要敢于惩罚。落实按劳分配原则，关键是要找到科学合理、便于操作的考核办法，把考核落到实处。在出版社，编辑、校对、出版、发行部门的劳动容易量化，考核便于落实，而其他部门就较难做到量化考核了，这就需要动脑筋，寻找科学合理的工作评价方法和考核办法。

现行出版社工资制度基本上还是事业单位管理模式。它虽然起了积极的历史作用，但因统得过死，与出版社的企业化管理要求越来越不适应了。随着出版产业化的推进，应本着党的十五大精神，积极研究和探索适应出版社企业化管理要求的工资分配形式。出版社的工资分配由事业单位管理模式向企业单位管理模式的转变，将是大势所趋，对此应当未雨绸缪。

在现行工资制度下，为了最大限度地发挥工资的激励作用，建议主管部门允许将出版社的工资总额全部由出版社自主发放，允许出版社在保留档案工资的前提下，打破目前的事业单位工资分配方式，通过出版社内部工作分析和职位评价，在工资总额的限度内自行确定不同岗位与职工之间的工资差别。出版社工资分配自主权的扩大，是加强内部管理的当务之急。

三　关于人事用工制度

企业人事用工制度，关系到员工的切身利益和企业人力资源的开发利用，对于调动员工的积极性，增强企业活力，提高企业效益，有极大作用。因此它是企业管理的重要内容。

党的十一届三中全会以来，随着国家对劳动人事制度的改革，出版社在一定程度上打破了"终身制"、"铁饭碗"状况，其活力逐步增强，效率日益提高，但是由于现行人事制度的事业单位管理模式给出版社人事自主权不大，由于出版社受国家垄断性保护而没有破产压力，由于全社会尚未形成社会保障体系，目前出版社还远未形成有活力的用人机制。现实中存在阻碍人员流动的多种壁垒，如级别壁垒、职称壁垒、住房壁垒、医疗壁垒等，这些壁垒使出版社仍不能摆脱干部能上不能下、员工能进不能出的局面。机构臃肿、人浮于事；冗员下不了岗，能人用不上；有的人没事干，有的事没人干，这仍是较普遍的现象。出现这种现象的原因，有客观的，也有主观的。主观上是改革精神不强，管理力度不大。应当在现有条件和环境下积极寻求搞活人事用工的办法。当务之急是，在出版社全面推行全员聘用合同制，真正打破正式工、合同工的界限，使得人人都有危机感，没有"铁交椅"可坐，没有"铁饭碗"可端，要按岗设人，不能因人设岗；要竞争上岗，双向选择；要有上有下，优胜劣汰。出版社要与每个员工签订合同，合同期不能过长，并且坚决履行。对优秀者该重用就重用，对不称职者该辞退就辞退。外研社实行的一年一聘的全员聘用合同制很值得借鉴。

在出版社要落实全员聘用合同制，最好是全行业统一行动，形成气候。这有赖于政府主管部门统一筹划，整体推进。推行全员聘用合同制，构建人才竞争机制，也需要政府主管部门进一步放权给出版社，多从出版社企业管理性质上着眼设计人事用工制度模式。

四　关于专业技术职务评聘制度

出版社专业技术人员的使用，既涉及人事制度，也涉及工资制度。这是出版社管理工作的重点所在。出版系统对专业技术人员的管理实行的一个核心制度就是专业技术职务评聘（以下简称职称评聘）。这一制度的出台是以出版社作为事业单位管理对象为前提的，是将职称与工资固定挂钩的。它的实行，对激励员工提高文化业务素质无疑起到了一定的积极作用。但随着出版社企业运营规律要求的增强，这一制度开始显露出弊端。企业化管理强调效益，企业用人是根据能否为企业创造效益加以选择的，人员的工资按实际能力和贡献大小确定和发放。国外出版社不评职称，其用人、付酬都是按上述原则操作的。我国的出版社评职称，且把职称看得很重，甚至作为专业技术人员工资晋级的唯一阶梯。评了职称的，工资随之晋级，而且载入档案，固定终身。这种做法与出版社对人才素质的要求和量才用人的需要并不很吻合。由于评职称强调文凭、外语、论文，常有这样的情况：出版社最好用的人评不上职称，工资也上不去，而不合用的人却评上了职称，工资晋升了；有些岗位很需要人才去干，但因不能评主系列职称而无人问津；有些人才在非专业岗位上做出了很大贡献，却因该岗位不评职称，工资升不上去；有的人职称到顶，革命到头，但已到手的工资谁也动不了。这种状况严重影响了出版社对人才的合理有效使用，使人才的积极性难以调动。而且在职称评聘的指挥棒下，千军万马都去挤职称"独木桥"，给出版社带来诸多矛盾，耗费了领导者大量时间和精力，很多人把主要精力用于混文凭、混职称而贻误工作，使出版业务受到了不小的影响。现在很需要采取措施改善职称评定管理。

职称评聘制度在出版社尚难取消时，笔者认为应根据出版社企业化管理要求，淡化职称观念，将职称仅作为专业技术水平的认证，不直接与工资晋级挂钩。聘人要从实际出发，即可高职低聘，也可低职高聘。工资的高低主要由岗位职责和实际贡献来决定，不以职称高低为标准。已评上职称的，相应工资级别仅作为档案工资加以保留，以作为退休工资标准。改进职称评定条件，为那些管理型人才、策划经营型人才提供机会。要注重社会效益和经济效益实绩，以引导专业技术人员多为出版社干实事。

随着出版业向产业化的推进和出版社向企业化管理的转变，出版社专业技术职务评聘制度究竟向何处去，能维持多久？这已引起越来越多业内人士的反思。有关部门似应根据变化了的情况，及早研究新的对策。

写于 1998 年 4 月下旬

过去改革的情况和下一步改革的思路[*]

社科出版社自 1999 年组建新的领导班子以来，面貌有了很大改观，这是我们重视和初步实行改革的结果。要使出版社继续生存和发展，今后仍必须依靠改革。现将我社过去改革的情况和下一步改革的思路汇报如下。

一　过去改革的主要做法和初步成效

社科出版社自 1996 年实行自负盈亏以后，作为一个在市场经济条件下带有先天劣势的学术性出版单位，面临极大的生存危机，当初三年出现了前所未有的困难。1999 年组建的新领导班子上任以后，别无选择，只能从改革中谋求生路。

我们的初步改革是从以下三个方面进行的。第一，调整图书结构。过去我社出版的图书 95% 左右是纯学术性的，大众读物很少，因此经济效益很差。针对这种情况，我们提出在图书结构中要在保持以学术图书为主的同时，增加大众读物的比例，积极拓展品位好的辞书类、教育类、社会热点类、生活实用类

＊　本文是在社科院召开的暑期工作会议上的发言。

乃至休闲娱乐类图书的出版。第二，推行目标管理责任制。给各类人员都规定了目标任务、目标责任，凡工作任务能够量化的都加以量化。比如对编辑人员，规定了每个人全年必须完成的约稿种数、重点书种数、发稿字数及毛利指标；对印制人员，规定了每个人全年必须完成的印制品种；对发行人员，规定了每个人全年必须完成的发货码洋和收款指标。在非定额管理部门，对每个人也都规定了岗位责任。总之，无论在定额管理和非定额管理部门，人人都有明确的目标任务和目标责任。到年终，社里据此进行检查，落实奖罚。第三，将收入与岗位绩效挂钩，拉开档次，打破平均主义。在明确每个人目标任务、目标责任的基础上，我们将各类人的收入都与岗位责任和完成任务情况挂起钩来。编辑人员的奖金由完成有质量要求的发稿字数、创利数量、获奖书多少来决定；印制人员的奖金根据版式设计字数、完成印装种数来决定；发行人员的奖金根据有效发货码洋和收款数额来决定；校对人员的奖金由完成有质量要求的校对字数来决定；其他人员的奖金由岗位责任和工作表现来决定。这就使个人之间的收入拉开了差距。我们还根据出版社的工作性质和各类人员的作用差别，把除社领导以外的社内人员分成四大类，在类别之间拉开收入差距。在奖金分配方案中，把编辑人员奖金的平均水平设计得最高，以下依次为发行人员、印制校对人员、行政后勤人员。编辑人员的收入向策划约稿人倾斜，把创利奖的70%奖励给策划约稿人。此外，干部和群众之间的岗位津贴也拉开了差距。这样做，使出版社全体员工的收入分配趋于合理。

　　以上改革做法当然只是从主要方面说的，除此之外，我们还调整了机构，合并了编辑室，试行了聘任制等。

　　我们的改革虽仅是初步的，但明显地调动了大家的积极性，使工作大有起色。2001 年与 1998 年相比，在人员没有增加反而减少的情况下，年出书品种（不包括重版）由 205 种上升到 313 种，增长了 52.6%；发行码洋由 2000 万元上升到 7500 万元，增长了 275%；销售收入由 980 万元上升到 3905 万元，增长了 298%；全社人均收入提高了 1 倍；办公条件得到了根本改善。社科出版社在社会上的声誉也越来越高。

二　下一步改革的思路

在日趋激烈的市场竞争面前，出版社要立于不败之地，必须抓好三个环节、两个关键。三个环节是：选题策划、编辑加工、图书发行；两个关键是：人才使用和收入分配。着眼于此，我社下一步改革的思路是：

（一）将编辑的选题策划职责和编辑加工职责相对分开，独立设置策划编辑岗位

在市场经济条件下，图书选题是出版社的生命线。有了源源不断的适合市场需要的好选题，出版社才能兴旺发达。然而好的图书选题大部分是靠组织、策划而得，不是主动送上门来的。按照出版社原来的体制，选题策划和编辑加工一般都是集编辑人员于一身的，一个编辑人员既要组织、策划选题，又要编辑加工书稿，且一般都是自己约来的书稿由自己编辑加工，可谓一身二任。这种编辑体制把编辑人员的大部分精力牵制在对书稿的文字加工上，无暇策划组织选题，在市场经济条件下是不利于出版社生存和发展的。国外出版社的编辑都是策划编辑，书稿的文字加工都是社会化的，这种体制把策划组织选题放在中心地位，适应市场竞争。我社过去的改革虽然强化了选题策划功能，但仍未突破旧的编辑体制，选题策划工作仍比较薄弱。下一步改革拟将编辑的选题策划职责与编辑加工职责相对分开，独立设置策划编辑岗位，使一部分有策划能力的编辑从繁复的审稿工作中解脱出来，专事选题的策划开发和重点项目的策划组织，这将会大大加强图书选题的开发工作。

（二）　加强编辑审稿的专业对口

编辑人员审读加工书稿应尽量与其所学专业对口，才能保证图书的质量。现在多数出版社都是编辑人员自己组来什么稿子就加工什么稿子，什么稿子都看，不管懂不懂，这样，图书质量就难免大打折扣。目前我社也存在此种问题，下一步改革要加以解决。我们设想，取消原来按学科专业划分的编辑室建制，按照将编辑的选题策划职责和编辑加工职责相对分开的原则，成立选题开发部和编辑加工部，将适合于书稿编辑加工的编辑人员集中于编辑加工部，让他们主要从事编辑加工工作，社里对这些人统一调度，尽量适合每个人所学专业安排书稿让他们审读加工。比如，你是学文学专业的，就尽量安排你审看文学类或相近于文学类的书稿；你是学法律专业的，就尽量安排你审看法律类书稿，等等。以此来强化审稿的专业对口。当然由于一个出版社编辑人数的有限性、选题的多样性和经营的复杂性，不可能完全做到审稿的专业对口，但是相对做到还是完全可能的。

（三）　在发行部实行二级核算

过去我社在发行部实行的目标管理责任制，虽起到了一定激励和约束作用，但对责权利统一的关系处理仍不到位，因而发行人员的潜力仍未充分开发出来。下一步改革拟在发行部实行二级核算。即让发行部相对独立经营，在社内自负盈亏。办法是，发行部与社里变成买卖关系，社里以一个固定的平均折扣将所出版的图书全部卖给发行部，发行部按照这个平均折扣在每种书出版后向社里订货，货订了以后按市场批发折扣向书店批发，从中赚取转手差价。发行部从社里订了货，盈亏全部自负，卖不出去也不得向社里退货。要实行成本核算，有了利润才可发奖金。亏了本不但不发奖金，还要扣工资。这就使奖金与发行利润挂钩了，不像现在这样仅与回款挂钩。社里给发行部以充分的自主权，不再干涉其对书店的批发折扣、发行费用的投入及人员的安排使用，但对发行部仍有监管权。这样，发行部的责权利就统一了，开发市场的积极性就会提高。

（四）建立人才竞争机制，创设真正有利于优秀人才的分配方案

我社在人力资源的开发利用方面，还缺乏竞争机制，在收入分配上向优秀人才倾斜也体现得不够。今后要在这两个密切相关的方面进一步加以改革。

首先我们打算把聘用上岗作为一项制度加以推行，今后每两三年搞一次聘用上岗，2003 年在两个关键部门——编辑部和发行部实行。在编辑部，结合选题开发部和编辑加工部的分设，拟就策划编辑、初审编辑、复审编辑等几个岗位实行聘用上岗。在发行部，就主任、副主任、业务主管、业务助理等岗位实行聘用上岗。通过聘用制度，实现人尽其才，并把优秀人才选拔到重要岗位上来。

为了充分体现收入与绩效挂钩，收入向贡献大的优秀人才倾斜，明年拟全面调整收入分配方案，有以下几条设想：一，策划编辑岗位收入要大大提高，与一般岗位的收入差距要拉大；二，停止执行事业单位两年晋升一级工资的制度，职工晋升的工资额只作为档案加以保留。职工工资增长与否，完全根据本社经济效益状况而定，工资的发放完全与个人工作绩效挂钩。三，提高中层以上干部的收入，拉开与一般职工的差距。四，社级干部实行在严格考核基础上的年薪制。

2002 年 8 月 6 日

我们是怎样改进出版社工作的[*]

一 立足于"大社科"观念，调整出书结构，拓展选题范围，丰富选题种类

社科出版社是以出版社科学术著作创出的品牌，过去属于提高类的学术著作占到80%以上，属于普及类的通俗读物占的比重很少；学术著作也是社科类占绝大多数，人文类占的比重很少；老学科占绝大多数，新兴学科比重很少；就读者对象来说，过去偏重为高文化层次的读者服务，不重视为低层次文化的读者服务。总之，出书结构比较单一，这种出书结构与过去硬性的出书范围规定有关，也反映了过去出版社本身对社会科学的内涵和外延理解得不够宽泛。在市场经济条件下，在没有国家资助的情况下，如果固守过去的出书结构，很难立足，更谈不上发展。一个简单的事实是，学术著作发行量很小，如果光出学术著作，书店就会把你这个出版社打入另册，很难在书店有自己的地位。如果书店不进你的货，或进货很少，你就很难生存下去。为什么商务印书馆发行工作很好做，书店不敢怠

* 本文是在社科院出版社工作经验交流会上的发言。

慢，学术著作可以搭着卖，收款也快？不就是有畅销书嘛。这几年，随着出书范围限制的放宽，随着社会科学学科的扩展和进一步普及，我们提出立足于"大社科"观念，"坚持品牌特色、拓展市场空间"的方针，调整选题结构，使选题种类向多样化发展。我们努力作"大社科"文章，一方面继续组织各类学科高水平的学术专著选题，一方面大力开发各类学科大众读物选题，包括时政类、人物类、纪实类、生活类、书画类、游记类、名著赏析类等，使选题的种类大大丰富起来，读者对象空前地广泛。从而社会效益和经济效益都有明显提高，出版社在社会上的影响力也越来越大。

我们调整出书结构、拓展选题范围，绝不是四面出击，毫无侧重，不顾特色的，而是始终把学术出版作为主导。社科出版社是以学术起家的，它的品牌特色是带有很强学术性的，离开了学术，就没有社科出版社的品牌地位。因此，我们在调整出书结构、拓展选题空间的同时，一直把学术著作选题当作重点，数量不少于60％。

二 调整编辑人员职责分工，将编辑岗位相对
分解为选题策划岗位和编辑加工岗位

目前，我国绝大多数出版社的编辑体制都实行的是选题策划和编辑加工合一的体制。作为一个编辑，既要策划组织选题，又要编辑加工书稿，可谓一身二任。这种体制，对编辑人员全面素质的提高固然有一定的好处，而且对于市场经济条件下的编辑人员，也应该要求具备这两方面的素质。在经济体制转型

期间，实行这种体制，应当说是起了积极作用的。但是，随着市场经济的成熟化与市场竞争的加剧，这种体制逐渐暴露出它的弊端。那就是所有编辑人员的大部分精力被牵制在对书稿的文字加工上，无暇策划组织选题。图书选题是出版社的生命线，有了源源不断的适合市场需要的好选题，出版社才能立于不败之地。而出版社没有人把主要精力放在策划组织选题上，肯定是适应不了市场竞争的。另外，编辑人员的素质特点不同，有的人擅长策划和组织，有的人则擅长案头审稿。如果不分特长，一概而用，让每个人都不分侧重地兼负两种职责，这种用人方法不能发挥所长，结果两种职责可能都履行不好。其实在国外历来是策划编辑和文字编辑分开的，出版社只设策划编辑，文字编辑是社会化的。目前国内出版社也多将策划编辑分离出来，让他们侧重于选题策划；一些新建出版社和图书文化公司已完全效仿国外出版社，实行策划编辑制，在公司内不设或很少设文字编辑。这是面对市场经济的必然选择。为了强化选题开发、图书策划，强化书稿编辑质量，为了充分发挥每个编辑人员的特长，我社将编辑职责加以分解，单独设立策划编辑和文字编辑，使其工作各有侧重。具体做法是：在现有编辑人员中遴选出八名活动能力强和策划经验丰富的人作为图书策划主管，他们的职责主要不是编辑书稿，而是这样四项：（1）开发选题；（2）对重点书稿的设计、制作、成本、定价、印数等实行全程策划；（3）复审书稿；（4）策划宣传。全年发稿最多不超过150万字。对他们不再规定编辑加工书稿指标，而是规定组稿和创利指标。其他人员都作为文字编辑，主要职责是编辑加工书稿，对他们不再规定组织选题的指标，而是规定发稿数量和质量指标。当然也鼓励他们组织选题，照样可以有提成奖。

实行策划编辑和文字编辑岗位分设后，效果较好。策划选题的数量比过去明显增多，双效选题比过去明显增加，发行数量、出书进度都有增加。

三　加强对文字编辑的统一调度，
尽可能使审稿做到专业对口

编辑人员审读加工书稿应尽量与其所学专业对口，才能保证图书的编辑质量。国外出版社书稿的审读加工，多是在社会上请与书稿内容相关专业的专家来做。而国内多数出版社都是编辑人员自己拉来什么稿子就加工什么稿子，一个编辑，什么内容的稿子都审，这样做，图书质量就难免打折扣，因为一个编辑即使是杂家也不可能什么专业都通。这是一些图书编辑质量不高的原因之一。为了加强审稿的专业对口，提高图书编辑质量，我们结合策划编辑和文字编辑岗位分设，加强对文字编辑审读加工的统一调度。尽量做到一部书稿要在整个编辑部范围内选择与其内容相关或相近专业的文字编辑来审读加工。比如，文学类或相近于文学类的书稿，尽可能安排文学专业的编辑审读加工；经济类或相近于经济类的书稿，尽可能安排学经济专业的编辑审读加工。以此类推。不仅是责编，决审也改变了以前一个人负责一两个编辑室决审的分工，而改变为大致按所学专业决审的分工。当然，由于一个出版社编辑人手的有限性、选题类别的多样性和经营的复杂性，不可能绝对做到审读加工的专业对口，但是相对做到还是可能的。

四　加大劳动收入向编辑业务人员和重要岗位人员特别是选题策划人员的倾斜力度,使报酬更合理地反映责任和贡献

收入分配对一个企业来说,是一个头等重要的问题,平均主义、"大锅饭"已被证明是伤害劳动积极性、阻碍工作和生产发展的"大敌",不破除平均主义、"大锅饭",出版社休想办好。我社新领导班子上任后,一直非常重视、并且下大决心调整收入分配。按照"效率优先、兼顾公平"的原则,结合目标管理责任制的制定实施,把各类人员的收入与其岗位责任、劳动绩效紧密挂钩。按照目标管理制,工作中能量化的都要量化,奖金按完成工作量的多少领取;不能量化的按岗位职责和任务加以考核,按一定系数领取奖金。这样,每个人的收入都不一样,相互之间都拉开了差距。在使收入与责任、绩效挂钩的基础上,我们特别重视劳动收入向编辑业务人员和重要岗位人员特别是选题策划人员倾斜。这几年,我们在普遍提高各类人员收入的基础上,特别地加大了上述人员收入的提高幅度,使这部分人的收入较多地高出其他人员,将其他人员与他们的收入差距拉大到较为合理的程度。现在,我社的编辑人员除了本人的工资以外,还按发稿字数拿编辑费,按本人组织的选题拿创利提成,到年终视全社经济效益情况再联系工作量拿一定奖金。一些重要岗位人员,如发行部、出版部主任,按本部门平均值的 1.4 倍计奖。在非定额部门,处室干部按科级干部的 2 倍计奖,社级干部按处级干部的 2 倍计奖。在收入分配中,我社尤其重视加大向选题策划人员的倾斜力度。鉴于选题对出版

社生存的极端重要性，我们认为选题策划人员的收入应当高出一般文字编辑。今年，我们采取两项措施提高他们的收入。一是大幅度地提高了选题效益提成奖归属策划者本人的幅度，一是增加复审费。过去，规定选题效益提成奖70%归策划者，今年规定100%归策划者；过去复审费千字1元，今年提高到千字1.5元。这样可以使他们的收入比文字编辑高出一大截，比其他一般岗位人员就更高。

五 把为群众办实事作为重要计划目标来实现

为本社职工群众办实事，不仅是调动他们积极性顺利完成经营任务的需要，更重要的是我们党全心全意为人民服务宗旨的要求。我们认为，为本单位职工做好事，服好务，让他们高兴、满意，这是领导工作的题中应有之义，是领导者的重要责任。我社领导班子非常看重这一点，在我们的工作中力求充分体现人文关怀。我们每年在制定工作计划时，都要明确写上当年要为群众办哪几件实事。包括提高多少比例的收入，在改善工作条件方面办几件什么事，搞点什么福利，搞点什么考察参观活动，在卫生保健方面干点什么事，等等，到年终检查落实。这些目标看上去虽然琐碎，但事关群众利益，办不办，办好办不好，关系到出版工作的成败。这几年，由于我们重视为群众办实事，使群众的情绪逐步高涨，出版社的凝聚力大为提高，对于推动出版工作起了很大的作用。

2003 年 9 月 3 日

出版社目标管理责任制浅论

目标管理是现代企业管理的一条重要原则，是集约型管理在企业的一个浓缩。目标管理责任制，是实行目标管理的一种有效的制度，现代企业普遍实行目标管理责任制。这种管理制度要求：第一，任何组织都要有明确的目标，有了总目标，还要层层分解，使每个组织层次乃至每个员工都明确各自的目标任务（责任）；第二，目标任务（责任）尽可能量化，以便于考核，明确区分每层组织和每个员工实现目标、完成任务、履行职责的情况；第三，要根据规定的目标严格考核，对各级干部和每个员工的实绩作出评定，并根据实绩兑现奖罚。按照新闻出版署的要求，我国出版社从 1989 年起普遍实行了目标管理责任制，但至今不尽如人意，不少出版社没有真正落实目标管理责任制的上述要求，目标不明、责任不清、负荷不满、考核不严的现象仍然存在。因此对出版社如何实行目标管理责任制仍有必要进行深入探讨。

出版社是文化企业，不同于一般物质产品生产企业，与后者在组织结构和目标性质上都有很大区别。出版社生产的图书虽然也是物质产品，但其内涵和使用价值是精神性的，由于图书产品的这种双重属性，出版社目标的量化、分解和考核就较为复杂，实行目标管理较之一般生产企业难度就大。但不管难度多大，出版社的目标管理一样是可行的。

出版社的目标管理，是围绕社会效益和经济效益目标进行的。社会效益目标和经济效益目标都可以量化，都可以分解。领导者要结合本社实际情况从以上两个方面具体地、明确地制定出本社的总体目标，并且将总体目标量化分解到各部门乃至各个人，并依此进行考核和奖罚。

从社会效益和经济效益两方面着眼，一个出版社全年的总体目标一般说来包括如下几项：出书品种、图书总码洋（总定价）、发行实洋（实际发行量×折扣率）、每印张成本、利润、图书质量标准。前两项追求的是经营规模，中间三项追求的是剩余价值，最后一项追求的是图书的内涵品质和社会效果。这几项根据出版社各自实际情况的科学量化，就是每个出版社的总体目标。

我国出版社的现行组织机构一般至少包括编辑室、出版部（印务部）、发行部及非直接生产部门如编务室、宣传推广部、办公室等，全社的总体目标至少要分解到这些部门，并就分解的目标分别制定这些部门的考核、奖罚细则。以上各部门的考核目标，虽然在数量和要求上各出版社因具体情况不同而有所差别，但其内涵大体相同。

编辑部是出版社的龙头，担负着策划选题、编辑加工书稿的重要任务，其目标完成得如何，对出版社两个效益的实现起着决定性的作用。编辑部的考核目标一般说来有策划选题种数、发稿字数、质量标准、利润等几项。上述考核目标，有的出版社是量化分解到编辑室，有的出版社是直接量化分解到编辑人员个人。根据管理的扁平化原则，直接量化分解到编辑人员个人效果更好。我国出版社的编辑部门与国外出版社的编辑部门在职责上有所不同，后者一般来说只担负策划约组书稿的职责，因为一般不设编辑加工岗位，就没有编辑加工职责。而我国出版社的编辑部乃至编辑人员是同时担负策划约组选题和编辑加工书稿两项职责的，这就增加了编辑部门考核的复杂性。改革开放以后，为适应市场竞争，鉴于策划约组选题关系出版社的生存，一些出版社新设立了策划编辑岗位，安排有策划活动能力的编辑人员主要承担策划约组选题的职责，把编辑人员相对分为策划编辑和文字编辑两类，这样，对编辑人员的目标考核就要依类别不同而有所侧重，前者主要考核其策划选题种数和利润，后者主要考核其文字加工数量和质量。出版社转企改制后，书稿文字加工社会化可能是大势所趋，社内编辑将大部分或全部成为策划编辑，那样，对编辑部门的目标考核就会简化。

出版部主要担负着书稿制作环节的任务，书稿编辑加工和校对完成并确定开本、印数以后，由出版人员进行版式设计、核定书价、开具印单、联系印刷厂印制。所以，出版部的考核目标一般说来有版式设计字数、印制完成种数、印刷工价控制、印制质量要求等几项。现在有的出版社为精简人员，在社内不设版式设计岗位，将版式设计职责社会化了，特别是转企改制以后，版式设计岗位与出版社脱离可能会越来越普遍，这样，出版部的目标考核也就会相对简化一些。实践表明，相对于编辑部门，出版部门的目标任务容易量化，也更适合分解到个人。

校对是出版工作不可或缺的一个重要环节，因此出版社的目标管理必须有对校对目标的考核。国内出版社一般都设有校对部门，有的单独设立，列为出版社组织机构的第二层级，有的下设在编辑部，有的下设在出版部，无论怎样设立，校对任务都作为目标加以考核。考核目标就是数量和质量两项。这两项都可以量化分解，而且最好分解到个人。出版社转企改制以后，校对岗位与出版社脱离同样可能越来越普遍，校对工作将越来越社会化，那时，出版社不再有专职校对部门和专职校对岗位，只需安排少许人员联系外校，这样，校对目标的考核也就简化了。

发行部是出版社的图书推销部门，出版社生产的图书产品能否销售出去，关键在发行部，出版社总体目标中的经济效益目标最终要通过发行部来实现。因此，发行部的目标管理对出版社来说至关重要。发行部的考核目标有发货码洋、折扣率、发行费用、收款额、库存量，项目较多，考核较为复杂。但这几项都容易量化分解到个人，考核的难度并不大。为了简化对发行部的考核，有些出版社在发行部实行二级核算，发货码洋、发行费用、库存削减比例均由发行部包干，只考核其收款额，这不失为一种操作性较强的目标考核办法。转企改制以后，有些出版社可能不再设发行部，代之以图书推广部，对发行的考核将被对宣传推广的考核所代替。

非直接生产部门是为直接生产服务，保证完成直接生产目标的部门。这也是出版社不可或缺的部门。这些部门的目标管理是以岗位职责为中心的。其各岗位职责一般不能量化，要以岗位说明（描述）为依据加以考核。考核目标要到每个人，考核项目一般包括个人岗位职责规定要求和出勤率。非直接生产部门人员的考核模糊性较强，这就要求部门负责人平时对每个人的表现注意观察和簿记。

目标管理责任制要求必须兑现奖罚，这样才能体现奖勤罚懒、奖优罚劣，真正起到提高效率的作用。联系目标责任，出版社各部门人员的奖罚兑现方式各不相同，一般来说，情况如下：策划编辑按其个人所策划约组的选题出书后是否实现规定的毛利目标作为奖罚依据，超额部分按规定比例提取奖金，未完成规定目标任务，不发奖金或按未完成部分的一定比例扣发基本工资。文字编辑以规定发稿字数和编辑加工质量为依据加以奖罚，超额完成发稿字数目标，超额部分以提取编辑费的形式给以奖励，未完成定额，不得提取编辑费，或按少于定额部分的一定比例扣发工资。编辑加工质量按是否达到国家主管部门规定的统一标准为依据兑现奖罚，达到标准，才发给编辑费，达不到标准，不得发给编辑费，甚至扣发一定基本工资。出版人员按每超额完成印制一种发给一定劳务费或少于定额每种扣发一定基本工资兑现奖罚。为了鼓励编辑、校对、出版人员提高质量，出版社一般都订立单项奖励制度，对获得优秀图书奖、优秀校对奖、优秀设计奖、优秀印制奖的责任人给以单项奖励，这是保证完成质量目标的有效手段。发行人员按收款提成方式兑现奖罚，超额规定目标部分，按规定比例提取奖金，少于定额部分，不得提成或按一定比例扣发基本工资。非直接生产人员，按规定的岗位系数兑现奖罚，达到岗位职责要求的，按规定系数发给奖金（一般称为岗位工资或岗位津贴），未达到岗位职责要求的，不发奖金或按系数的一定比例扣发基本工资。

　　以上所述是出版社现行目标管理责任制的基本内容，该制度的推行在各出版社尽管因具体情况不同而有所差别，但基本内容大同小异。某家出版社 2005 年实行的目标管理责任制方案似有一定的代表性，现作为案例列于文后（见附件），由此案例可以更直观地了解出版社现行目标管理责任制的大致情形。

　　目标管理，要求细化但不烦琐，要求总体目标和分解目标的确定必须科学合理，能够实现，而且要经过努力奋斗才能实现；要求奖罚轻重必须得当，奖罚措施也便于操作。以此来衡量，国内出版社现行的目标管理责任制还很不成熟，远未达到上述要求。这是因为出版社体制尚不规范，仍存在机构设置不合理、人浮于事、聘任制不落实、"铁饭碗"没打破等弊端，员工的企业主人翁意识也还不强，在这种情况下推行目标管理责任制难于做到科学合理、简便易行、真正落实，其效果就难免大打折扣。故此，必须继续改革和完善出版社的体制，只有真正建立和实行现代企业制度，才能逐步完善出版社的目标管理责任制。

附件一

编辑部目标管理责任制

一　图书编辑室方案

（一）实行目标管理的原则

1. 责任目标全部量化分解到个人，使人人达到满负荷工作量，都有明确的责任和压力。

2. 坚持社会效益与经济效益并重，以选题种数、重点选题数、实现利润和发稿数质量为指标进行考核。

3. 奖金的分配与个人的创利、发稿数质量和获奖书多少直接挂钩，并向策划选题者（社领导除外）倾斜。

4. 奖罚分明，落实到位。

（二）策划编辑的责任目标

1. 每人全年策划、组织选题不少于 28 种（使用一个书号为一种，合作出书选题不算在内），如重点选题和利润指标完成，少于 28 种也视作选题指标完成。

2. 在 28 种选题中，至少要有 4 种重点选题，即：2 种为年内印数达到 1 万册或创利达到 5 万元；2 种为省部或国家重点选题，或可获得省部以上级别的奖项的选题。

3. 全年实现利润（所得税税前）不少于 60 万元。

4. 社里保证全年为每位策划编辑提供书号 28 个，超出 28 个后，每个书号的选题按 3 万元以上（含）的创利标准审批。

5. 全年在公开出版物上发表书评、书介 4 篇。

（三）文字编辑的责任目标

1. 有编辑以上职称人员全年发稿不少于 240 万字，助理编辑全年审稿不少于 120 万字。

2. 编发的书稿全部达到合格以上标准。

3. 有编辑以上职称人员全年在公开出版物上发表书评、书介 2 篇。

4. 社里保证每人 8 个书号，超过 8 个以后，每个书号选题按 3 万元创利标准审批。

（四）奖励标准

1. 经济效益奖

达到或超过 1 万元毛利的单种图书可以提奖。提奖办法是：1 万元部分提成 5%；1 万元以上至 5 万元部分提成 10%；5 万元以上部分提成 15%。毛利未达到 1 万元的单种图书不提奖。经济效益提成奖全部归选题策划人。

在岗编辑以外的人员策划组织选题，也可提取经济效益奖，但只限在单种图书利润 3 万元以上部分中提取。3 万元以上至 5 万元部分提成 10%；5 万元以上部分提成 15%。

编辑加工社里交办或策划编辑委托的、本人不领取效益提成奖的书稿，到年底还发给一定经济效益奖，奖励标准按每千字 1 元计，到年终结算时发放。

2. 编辑费

图书编辑费按如下标准执行：

一般书稿	辞典类
初审　5 元/千字	8 元/千字
复审　1.5 元/千字	2.5 元/千字
终审　0.5 元/千字	1 元/千字

文件汇编、影印等类图书，按一般书稿字数的 1/3 计算发稿字数；图片不多、以文为主的图书，每页按常规字数计算；以图片为主的图书，有文字说明的版面，按满版字数的 50% 计算，没有文字说明的版面，按满版字数的 20% 计算；书法、绘画、摄影类图书，每页按常规字数的 20% 计算。

联系社外人员编发书稿，联系人可按 0.5 元/千字领取劳务费。社外人员的编辑费可按 4.5 元/千字给付。

重印发稿每种每次发审读费 100 元。修订再版发稿，修订文字超过千字的，除 100 元外，再按实际修订字数计发编辑费。重印和修订再版发稿的审读费和编辑费，由责编（经办人）领取。

策划编辑责编发稿 200 万字以上部分，不再领取编辑费。

3. 图书奖

获"五个一工程"一本好书奖、国家图书奖和中国图书奖给予 5000 元奖励；获国家三大奖提名奖给予 3000 元奖励；获省部级奖一、二、三等，分别给予 1500 元、1000 元、500 元奖励。上述奖金按 7:3 的比例由策划人和责任编辑分得。

此外，本社每二年评选一次优秀图书奖、优秀选题策划奖、优秀编辑加工奖，奖励标准详见有关规定。

（五）处罚

无正当理由当年未完成规定目标任务者，为考核不合格，给予警告。

无正当理由连续两年未完成规定目标任务者，离岗待聘，按人事部文件规定，取消晋升工资一次。

单种图书亏损在 1 万元以上（含）时，按本方案规定的分段提成的相同比例处罚约稿人。

策划编辑未完成重点选题指标，每少 1 种扣发奖金 1500 元。连续两年未完成选题及创利指标的，取消策划编辑资格。文字编辑未完成规定的发稿字数，按未完成数占应完成数的比例扣减当年工资（除补贴以外的部分）。

在本社质量抽检中连续两次不合格者，要给予通报批评，严重的要扣回该书责任人的初审费、复审费和终审费。

在新闻出版总署或社科院质量抽查中连续两次不合格的责任编辑，取消晋升工资一次（在考核期内，如受到前第二款相同的处罚，不重复执行）。

编辑人员因工作失误给社里造成重大损失，按损失的 5% 给以罚款，判断是否重大损失由社长办公会研究决定。

（六）图书质量不合格的认定标准和图书利润的结算办法

图书质量不合格的认定标准按新闻出版总署令第 26 号《图书质量管理规定》（2004 年 12 月 24 日）及《图书编校质量差错率计算方法》的规定执行。

每种书（1 个书号为 1 种）毛利一般按总定价的 55% 减去直接成本和管理费（直接成本的 10%）计算。低于定价 55% 批出的图书或编辑室促成的高于 55% 包销的图书，按实际折扣计算。

印数由发行部和编辑室共同认可的图书，到结算期如有积压，社里按积压数的一半核减编辑室的利润。

利润的结算期限一般为 1 年，从出齐书并有批量（500

册以上）入库之日算起；再版的书从再版入库之日算起；1年内不能结算的图书最长可延至 2 年结算，但不得超过 2 年。

按期结算后又再版重印的书，凡未超过享受经济效益提成奖规定年限的，重印后获得的利润仍可提奖，奖金按累计印数计算。

到了结算期而未与印厂结算成本的书也可结算，其成本以财务部根据单据算出的为准。

（七）经济效益奖的发放时间及享受期限

单种书经济效益奖到期结算即可兑现。

每种书经济效益奖的享受期限一般不超过 3 年；丛书在出齐之前可一直享受经济效益奖，出齐之后可再享受 3 年；工具书也可延长享受 3 年；超过 3 年提奖期限的重点图书，经社领导批准再版后，也可再享受 3 年，但不与前 3 年的印数累计计算奖金。

（八）其他

1. 策划编辑对本人组织的选题有权进行封面装帧、版式设计、开本选择、纸张规格、印数及营销宣传等全方位、全程策划。

2. 策划编辑每人每月预发奖金 3000 元。预发奖金在年底从本人的图书结算提成奖中扣除，预发奖金如超出本人的效益提成奖，超出部分将从工资中扣除。

3. 编辑人员组织的选题，可在全社内选择责编，亦可在社外选择责编，如本人落实不了责编，可提交编辑部主管领导分派。

4. 编辑如有不愿由本人承担盈亏的选题，可在"选题论证报批表"的备注栏中注明，该选题通过后，视为社里交办选题，盈亏由社里承担。出书后如毛利达到 1 万元，可按毛利的 2% 提奖。

5. 社里给编辑室拨付一定活动经费，按发稿字数每千字 0.5 元标准随编辑费一起领取，由室主任负责统筹使用。活动经费用于公务活动，如急事打车、招待作者、劳务补贴等。

二　美编室方案

（一）任务目标

1. 室主任全年完成封面装帧设计 25 种，其他人为 30 种。

2. 全室要完成社里临时交办的其他美术设计工作。

3. 室主任要保证全室全年任务的完成。

（二）奖罚办法

1. 每人完成全年规定任务，社里发给工资、岗贴及福利，另外，1 种装帧设计，再发给设计费 240 元。

2. 如超额完成任务，每超额 1 种，提取设计费 360 元。

3. 美编人员装帧设计的图书如获奖，按社里有关规定的标准给予奖励。

4. 编辑出版美术类书籍，责编可领取超编费和经济效益奖，奖励办法按编辑室目标管理责任制方案中的有关条款执行。

5. 年终完不成规定任务者，为考核不合格，给予警告，并且每少完成 1 种，罚款 600 元，从本人下一年工资中扣除；连续二年未完成任务者，离岗待聘，按人事部文件规定，取消晋升工资一次。

6. 由于美编工作失误，造成经济损失的，按损失额的 5% 给责任人以处罚。

7. 关于美编室工作量的计算详见《美编室装帧设计工作量

折算表》。

8. 美编可参与重点书的版式设计，但要经选题策划人同意。版式设计费标准按出版部有关规定执行。

（三）奖罚实施

1. 根据每个人完成的工作量，每季度兑现设计费。

2. 在领取设计费时，先由本人填写稿费单，报美编室和总编室主任核准。

3. 如有处罚，在明确责任后，当月实施。

（四）美编室装帧设计工作量折算表

以每种平装封面工作量为1

装帧形式	折算比例
平装封面	1
硬精加护封	2
软精（内封有设计）	1.8
扉页	0.2
套书每分卷	0.3
丛书每分册	0.4
书腰	0.3
书盒	1
招贴广告	1.5—2

注：（1）平装封面为1的报酬标准是：定额内240元/种，定额外360元/种。

（2）"套书每分卷"指一书多卷（册）的中、下卷（册）或第二卷（册）、第三卷（册）、第四卷（册）等。

附件二

出版部目标管理责任制

一　出版部的职责范围和任务

出版部负责本社图书的印制出版工作，包括设计版式、排版、校对、印装、纸张材料的供应，对出版过程中的直接成本进行估算和控制，掌握出版进度，缩短出书周期，统计图书生产数据，管理出版档案，收存图书胶片、磁盘等。

二　出版部各科的工作职责

1. 校对科

（1）按时完成全年全部图书的校对任务。

（2）保证每部书稿的校对质量达到合格以上标准。

（3）统计每部书稿的编辑差错并做出编辑质量评价，每季度报送总编室审核。

（4）组织一支相对稳定的外校人员队伍，经培训合格后逐步达到上岗要求。

（5）承担社里交办的校对培训任务和图书质量检查任务。

（6）保存好图书原稿。

2. 印制科

（1）负责图书的版式设计、核算定价，送工厂完成排版、制版、印刷、装订工作，并将数据认真输入电脑。负责样书送审，催促装订厂送货，通知发行部收书。

（2）根据社内规定的印刷工价及协商工价（经主管社领导批准的），核查工厂结算费用，准确无误后，经出版部主任签字，报主管出版的社领导审核后，交财务部付款。

（3）检查成品样书的印装质量，填写"图书准发审批单"。

（4）编制出版报表及生产进度表。

（5）随时解答编辑室对成本的查询。

（6）管理出版档案及收存图书胶片、磁盘。

（7）保证本社图书纸张及装帧材料的及时供应，合理安排用料，减少库存积压，盘活存量资产，尽力采购价廉、物美、质好的纸张材料，努力降低材料成本。

（8）降低材料运输、储存等费用的支出，减少纸张的出残率，提高纸张使用率。

（9）做好纸张的出入库管理和图书的用料结算。

（10）完成社里临时交办的其他有关业务工作。

三　各类人员的责任目标

1. 主任、副主任

主任负责管理部门全面工作，协调编、印、发各环节的关系，督促各科有关人员按社里生产要求及统一安排开展工作，保证完成社里全年图书出版任务。副主任协助主任管理部门全面工作。

根据编辑室的要求和出版进度，及时做好用料计划，做到合理储存纸张材料。

审批印制费的结算，定期对印制成本进行分析，掌握成本与定价的关系，每半年向社里提交一份印制成本分析报告，并对印制工价、图书定价是否进行调整提出建议。

根据社里的出书计划和进度，统筹安排社内外校对力量。

保证图书出版在校对环节的正常进度。

2. 校对科

每位校对人员日定额为 2.5 万字，年完成校对任务 620 万字（单校字数）。科长、副科长除承担全科管理工作以外，还要承担一个校对人员 30% 的工作量。

3. 印制科

每位印制人员年完成出版图书 50 种［一个书号算一种，只用一个书号的三卷本以上（含）的图书，每卷算一种］，包括版式设计 1000 万字。负责材料供应人员完成全社全年书刊纸张及装帧材料的及时供应，并做到优质廉价。负责核账人员要仔细审核工厂的印制费用，监督工价规定和付款期限的执行，帮助印制人员降低印制成本，保证结算的准确无误。

四　奖励

出版部人员在完成上述任务后，发基本工资和岗位津贴，并按下列标准领取奖金：

1. 校对科

个人月完成 70 万字工作量，按每千字（单校）1.20 元领取校对费；责任校对再按每千字（单校）0.20 元领取责校费。个人未完成 70 万字月工作量，则按每千字 1.00 元领取校对费。

外校费用一般按每千字（单校）1.00 元付酬，联系外校并检查整理外校按每千字（单校）0.20 元领取劳务费。

校对提出原稿差错，凡责编认定的，每处奖励 2.00 元。

科长、副科长按全科人均收入的 1.2 倍和 1.0 倍领取奖金（不含外校费用）。

2. 印制科

每出版图书 1 种（包括版式设计），经检查合格并通知工厂大批装订，可领取责任印制费120元，版式设计费千字0.40元（文中插图每张按4000字、集中插图每张按6000字计算设计费）。只检查版式，不负责设计的，按每千字0.20元领取版式检查费。重印书只领取责任印制费，不领取版式设计（版式检查）费。

非定额人员，按本科责任印制费及版式设计费的平均数提取奖金。

科长按全科人均收入的1.2倍领取奖金。负责材料供应人员在保证纸张、装帧材料供应的前提下，每供应出版一本平装图书的材料，提取奖金50元；每供应出版一本精装图书的材料，提取奖金100元。

3. 出版部主任和副主任

分别按出版部人员平均收入的1.4倍和1.3倍提取奖金。

创利大、印制急的重点图书实现利润后，社里可视情况给出版部以适当奖励。

五　处罚

1. 各类人员未完成当年规定的目标任务，为考核不合格，给以警告，按未完成数占应完成数的比例扣发当事人工资（除补贴以外的部分），按人事部文件规定，还将影响工资晋升；连续两年未完成任务，离岗待聘。

2. 如有属于出版部人员责任的不合格图书出版，每查出一种通报批评一次，扣回责任人领取的该书奖金、校对费，并按损失的5%给当事人以罚款。

3. 材料供应人员如购进不合格产品而造成损失，按损失的5%给以罚款。

六　奖罚的实施办法

1. 每月兑现奖金。

2. 在结算奖金时，各科科长先要列出结算清单，报处、社领导审核批准。

3. 如有处罚，在明确责任后，当月实施。

七　出版部的自主权

1. 出版部对编辑室不符合出版流程要求的发稿可不予接收（领导批准的除外）。

2. 校对科对排版差错率超过5‰的校样可退回印制人员重新排版。

3. 出版部对编辑人员在图书用料、装帧设计、书价、出书时间等方面提出的不合理要求，有权提出不同意见，并报主管社领导解决。

附件三

发行部目标管理责任制

为了进一步挖掘发行部开拓市场的能力，充分调动员工的积极性和创造性，不断提高我社图书的市场占有率，保证出版社总目标的实现，特决定从2005年开始，在发行部实行二级核算，方案如下。

一 机构设置、人员配备、职能分工

第一条 发行部设主任、副主任各1人。下设业务一科、业务二科、客服直销中心、仓储配送科及会计、出纳各1人。

1. 业务一科、二科

两科共设业务主管10人、内勤1人，主管助理1人；每科设科长、副科长各1人。职能是：新华书店、社会书店、社会科学系统的客户范围的拓展，发货、回款、利润指标实现以及其他相关工作。

2. 客服直销中心

核定7人，设经理、副经理各1人。客服直销中心由三个部门组成：客户信息部、直销部、邮购门市部。职能是：数据库的信息采集及维护；直销渠道的开拓、终端客户的范围拓展及直销业务的开展；门市售书和邮购。

3. 仓储配送科

核定4人，设科长1人。职能是：库存商品管理，组织完成图书的发、送、退货清理业务以及其他相关业务。

4. 会计、出纳各1人。负责部门经费预决算和图书销售账务工作。由发行部主任直接领导，受社财务部业务指导及监督。

二 任务指标

第二条 2005年基本任务指标：

1. 发货码洋不低于8000万元并保证不低于全社入库码洋80%的发货量。

2. 季度回款不低于550万元，全年回款不低于2500万元。

3. 回款率不低于70%。

4. 发行折扣：本版图书一般不低于63%，低于63%时需经部主任批准。作者购书原则上不低于 70%，其他直销不低于 75%。全年平均发货实洋不低于发货码洋的 57%。

5. 年库存总码洋不得超出年发货码洋的 90%。

6. 呆账损失率不超过 4‰（超过一年半未回款视为呆账，超过两年计为呆账损失）。

三　人事和财务管理

第三条　社里赋予发行部相对独立的人事权。在全体员工中实行聘任制，逐步实行公司化的用人机制。

第四条　对发行部的财务管理实行二级核算、经费包干。

第五条　发行部年度包干费用按年度回款实洋的 12% 提取。包干费用由部主任统一管理使用。包干费用开支项目为：全员工资奖金、部门办公费、差旅费、发运费、手机及电话费、包装材料费、部内车辆及设备维修费、燃料费、业务招待费、库房租金、十联会费、参加书市及订货会的费用，以及其他应由发行部承担的费用。

第六条　全年包干费用超支社里不补，节余留本部门。节余部分的 30% 可作为奖金分配，其余的 70% 可用于购置固定资产，改善工作条件或留作后备。

第七条　发行部对 3000 元以下包干范围内的一次性费用支出（专控商品除外）有权自主决定，但必须符合财务制度、履行财务手续，得由经办人签字，部主任签批。超过 3000 元以上的一次性费用支出及部主任直接经手的费用，须经主管社领导签字批准。

第八条　招待费和差旅费的开支标准按社里规定执行，不得铺张浪费。

四　薪酬、奖励和处罚

第九条　发行部员工的薪酬由基本工资、岗位津贴、效益提成奖、主任奖励基金组成，薪酬的分配与绩效挂钩，切实体现多劳多得的原则。

第十条　发行部奖金由两部分组成：

1. 回款提成：完成全年回款2200万元时，社里发给部门人员工资、岗贴和福利，并按全部回款的1.7%提取奖金；完成全年回款2500万元时，按全部回款的2%提取奖金。

2. 发货打包码洋提成：按发货总码洋的4‰提取。

第十一条　发行部主任实行年薪制，具体标准由社长办公会确定，部主任年薪从年度费用中支出，不占回款提成额度。其他人员的基本工资、岗位津贴按出版社规定标准执行。奖金或劳务费的具体分配由部主任掌握。

第十二条　发行部主任有权从部门奖金总额中提取5%作为主任奖励基金，奖励本部门工作业绩突出的人员。

第十三条　部门没有完成出版社规定的上述指标，主任、副主任为年度考核不合格，由社长办公会决定是否留用；连续两年考核不合格，离岗待聘。其他各类人员没有完成全年规定任务目标，为考核不合格，不发回款实洋提成奖，直接解聘，交社人事处管理。

第十四条　凡不服从领导、工作散漫、消极怠工、有重大工作失误或有违法违纪行为的人员，随时解聘，交社人事处管理。

五　其他

第十五条　发行部根据本方案制定本部门各类人员的岗位职责、考核标准和奖金分配办法，非定额人员岗位职责要尽可能量化。

第十六条　本方案执行期限为 2005 年 1 月 1 日至 12 月 31 日，解释权在社长办公会。

附件四

非直接生产人员岗位目标管理责任制

本社非直接生产人员包括社领导班子成员及总编室（不含美编室）、财务部、人事处、办公室（不含司机班）、营销策划部、管理处的人员。社里对以上人员实行岗位责任制管理。

一　人员编制

本社严格按岗位需要确定非直接生产人员编制，充分体现精简效能原则。依此原则，非直接生产人员编制确定为 32 人。其中社级干部、助理 6 人，总编室 6 人，人事处 2 人，财务部 6 人，办公室 7 人，营销策划部 3 人，管理处 2 人。

二　岗位职责

在核岗定编的基础上，对每个人（每个岗位）都要规定具体的岗位职责。每个人的岗位职责都要体现一专多能，负荷饱满。

三　岗位工资标准

1. 本社对非直接生产人员的报酬实行岗位工资制。岗位工资是指除职务工资、职务津贴和原有岗位津贴以外的工资性收入。

2. 职能部门人员岗位工资基数（系数1），根据当年的经济效益，参考直接生产部门的奖金水平，由社长办公会来确定。社级干部的岗位工资基数（系数1），按直接生产部门和职能部门人员的平均值来确定（平均值按减去一个最高数和一个最低数后计算）。

3. 职能部门人员岗位工资的标准系数为：

食堂炊事员、食堂会计、总务岗位　1.1

收发复印岗位　1.2

样书收发、机要文印、网管员岗位　1.3

编务（初级）、副科长岗位　1.5

主任科员、宣传策划主管岗位1.7

编务（高中级）、计算机室、图资室、医务室、财务三项费用岗位1.8

财务成本核算、销售核算、出纳及稿酬核算、财务其他费用岗位1.9

副处长、两社管理处负责人　2.2

总编室主任、人事处处长、营销策划部主任、财务部主持工作的副处长（兼计算机管理）2.7

社长助理、总编辑助理、社级副职、社级正职领导干部分别为全社职工平均数的2.8、3.1、3.6倍。

四　考核及奖罚

1. 对职能部门工作人员采取按月考核和年终考核、以按月考核为主的办法。对助理以上领导干部只进行年终考核。

2. 考核的内容主要是出勤情况、工作表现和实绩。每个人的出勤情况由部门配合人事处每月统计。每个人的工作表现和实绩分别由处室负责人、科长和主管社领导每月评定。

3. 出勤情况和工作表现良好，业绩达到要求者拿全额岗位工资；有迟到、早退、病事假及旷工情况者，按社里统一规定扣款；工作表现和业绩未达到要求者，扣减本人岗位工资系数的0.1—0.5。国家规定的产假，按2%比例扣除岗位工资，超过规定期限的产假，不再享受岗位工资。

4. 全年全勤并且工作成绩突出者，年终由社里给予该人年岗位工资5%—20%的奖励。

5. 年终考核不合格者，给予警告；连续二年考核不合格者，离岗待聘，按人事部文件规定将影响工资晋升。

6. 如全社全年利润和收入增长指标未完成，助理以上领导干部的岗位工资按未完成数占应完成数的比例减发；如连续两年两项指标均未完成，社级领导干部取消正常工资晋升一次，并自动辞职。

五　岗位工资兑现办法

1. 岗位工资每月先按一定比例预发，到年终按规定标准多退少补。

2. 每月发放岗位工资，事前必须以处室为单位填写社里统一制订的"月度考核表"。"月度考核表"由人事处组织填写，由处室负责人、人事处负责人和主管社领导三人签字后，报财务部，财务部根据"月度考核表"评定的每个人岗位工资实发数额发放岗位工资。

回忆人民出版社的改革

1983 年至 1998 年，笔者有幸在党和国家头号出版社——人民出版社供职，并在后来担任副社长、副总编、党组成员、社务委员会副主任，参与全社领导工作。值此期间，我国的改革开放正由初始阶段向纵深发展，即将进入新的历史阶段。受经济体制改革的推动，当时出版业的改革方兴未艾，人民出版社在中宣部和新闻出版署的领导下，紧跟出版业改革的潮流，也进行了自身改革的艰难探索，这在领导体制、经营机制和业务范围方面都有体现。

一 改变领导体制

领导体制是一个组织系统进行决策、指挥、监督等领导活动的具体制度或体系，是领导者与被领导者之间建立关系、发生作用的桥梁与纽带，它对于一个组织系统的发展具有决定性的意义。因此，出版社的改革首先要触及领导体制。

改革开放以后至 1983 年，人民出版社仍实行由上级党组织任命的党委会或领导小组集体领导的领导体制，党委会有一段时间叫临时党委会，领导小组实际上与党委会没有什么区别。

在党委会或领导小组之下，设立有社长和总编辑，社长和总编辑都是党委会或领导小组成员。党委书记或领导小组组长有时由社长担任，有时由总编辑担任。这种领导体制仍是党管一切的领导体制，就是说，党委会是最高决策机构，对党的工作和业务行政工作一把抓。

1983 年，对上述领导体制作了一点改革，成立了由本社全体党员选举产生的人民出版社机关党委会，机关党委会在社党委（领导小组）的指导下负责抓党的日常工作，减轻了社党委一部分工作负担，使社党委得以主要精力抓业务工作。但是，在人民出版社的隶属领导关系上，从 1984 年到 1988 年这段时间变得更复杂了，经中宣部部务会议决定，人民出版社的出版选题计划要送中宣部审批，没有把握或有争议的书稿，到中宣部商量定夺，人民出版社负责人要参加中宣部有关会议；而行政系统和党的关系仍隶属于文化部。显然，人民出版社由上级单一领导变为双重领导了。

从上述情况可以看出，改革开放后直至 1988 年，人民出版社的领导体制仍然是高度集中的，坚持这样的领导体制意在加强党对出版社的绝对领导，但是，决策的运作肯定是相当不便的：因为是集体领导，集体决策，往往大小事都要提交社党委会讨论，以少数服从多数的原则决断；社党委会对内要处理好与机关党委会、社长、总编辑的关系，对上，要处理好与中宣部和文化部的关系。这样的领导体制显然不利于出版社的业务工作，所谓加强党的领导也就自然因为业务工作的削弱而大打折扣了。

1988 年底，人民出版社已直属国家新闻出版署领导。按国家新闻出版署的规定，实行了社长负责制，同时建立社务委员会，社务委员会由全体社级行政领导干部和机关党委书记组成，社长任社务委员会主任。这时，出版社的领导体制是由社长、社务委员会、机关党委会组成的架构。社长是最高决策者，社务委员会为出版社的议事机构，讨论全社业务、行政工作中的重大事项，协助社长决策，机关党委为政治领导核心，对业务行政工作起保证监督作用。这一领导体制，无疑加大了社长的权限，有利于贯彻民主集中制，有利于科学、快速的决策，从而有利于加强出版社的业务行政工作。确定这一领导体制，是出版社改革的一个实质性步骤。

但是，到1992年4月，按照新闻出版署党组的通知，人民出版社在继续实行社长负责制的同时，又建立了党组，进行党组领导的试点。经署党组原则同意的《人民出版社党组工作暂行条例》规定，党组既是出版社的政治领导核心，又是出版社的最高决策机构。凡属本社的大政方针和发展战略，以及全社性的业务和行政方面的重大事项，都由党组集体研究决定。社务委员会是社党组领导下的议事机构和行政执行机构。党组通过社务委员会和社机关党委会加强对出版社全面工作的领导。这一领导体制，实际上是对过去党委会高度集中统一的领导制度的恢复，只不过体制内的关系更加复杂化了，党组不但面临与社务委员会的关系，而且面临与社机关党委会的关系。党委集中统一领导与社长负责制相互矛盾，党组和社务委员会的人员组成严重重叠，党组和社务委员会、和机关党委会都很难明确分工。实践证明，这种领导体制是不可取的，似乎是倒退了。到1998年，新闻出版署党组发出"关于调整人民出版社党组织领导体制和核心制党委的通知"，决定"人民出版社不再设置党组"，"建立起政治核心作用的党委会"。这时的领导体制改为由社长、业务行政班子和起政治核心作用的社党委会组成的架构，实际上采用了一般国企的领导体制。这应当说是实质性的进步。

二　搞活经营机制

当时出版社虽然都是事业单位，但在工商局都办理了营业执照，实行"企业化管理"，自负盈亏，要求既要实现社会效益，又要创造经济效益。因此，经营管理是关乎出版社生存发展的头等大事。改革开放以前乃至初期，人民出版社和其他出版社一样，体制僵化，机制不活，人浮于事，吃"大锅饭"现象严重，干与不干一个样，干多干少一个样，员工积极性不高，工作效率低下。针对此种弊端，1988年底新上任的领导班子着力在经营机制上加以改革，主要从实行目标管理责任制、聘任制和劳动合同制，及改革分配制度入手，千方百计把经营机制搞活。

1989年初，人民出版社制定了目标管理责任制实施方案，并上报新闻出版署，开始探索实行目标管理责任制。该制度以编辑室等部门为单位，规定其当年应实现的任务（责任）目标和联系目标奖罚的办法，到期考核，兑现奖罚。1992年，新闻出版署在直属系统出版社推行了以包死利润基数、工资总额与利润基数完成情况挂钩为基本内容的"工效挂钩"管理制度，又发出《通知》，批准人民出版社1992年至1995年实行目标管理责任制，对人民出版社社会效益指标和经济效益指标、奖惩办法、税后留利各项基金的提取比例等做了具体规定。这以后，人民出版社依据新闻出版署给本社规定的目标和对本社实行目标管理责任制的"基本要求"，将本社的目标管理责任制推行得更加规范和科学。出版社每年将全社总任务目标分解到各部门，各部门又将本部门的目标分解到个人，使人人有目标，人人有压力，特别是各级干部，责任更大，压力更大。到后来，发行部和《新华文摘》、《新华月报》、《人物》三个期刊编辑室都实行了"包定基数、超额分成、亏损自负"的二级核算，使责任制的推行更加到位。实行了目标管理责任制以后，出版社的工作效率明显提高，成本核算也大大加强，上上下下都为实现目标、争取受奖而精打细算，厉行节约，从而使全社的经营上了一个台阶。

配合目标管理责任制的实施，人民出版社还实行了聘任制和劳动合同制。1992 年 8 月，社里公布了《人民出版社干部聘任制实施细则》和《人民出版社实行工人劳动合同和聘用制干部的暂行规定》，按照这两个文件精神，当年调整了机构和分工，重新核定了各部门的工作量，按满负荷要求合理定编定岗，在此基础上对属于干部编制的员工进行聘任，与属于工人编制的员工签订劳动合同。处级主要负责人由党组讨论决定、社长直接聘任；其他干部由部室主要负责人提名、社委会讨论决定、社长聘任；工人由部室主要负责人提名、社委会讨论决定、由人事处与其签订合同。这其中贯彻了双向选择的原则。1997 年还在《人物》杂志采用竞争上岗的办法选择了新的编辑室正副主任。从 1992 年到 1998 年，人民出版社实施了两轮聘任，改变了以往人浮于事的状况，基本上做到了人人有事干、人人满负荷。

为了充分调动员工的工作积极性，人民出版社在推行目标管理责任制的同时，对原有的平均主义分配制度也进行了初步改革。工资总额中 40%的津贴部分和超额利润中允许提留的奖励基金不再平均发放，而是按照责任制的规定，与部门或个人的工作实绩和责任大小挂钩加以分配。比如因工效挂钩两次增加的浮动工资，都依此原则拉开了差距，没有平均发放。收入分配也照顾到了依责任大小而有所区别的原则，在科以上干部中实行了不同等级的岗位津贴制。为鼓励各方面作出突出贡献的人员，还设置了单项奖，而且对有大功的人员给以重奖。通过以上做法，把出版社的激励机制搞活了，在很大程度上激发了员工的工作热情。

除上述三个方面之外，人民出版社还针对过去在管理上统得过死的现象，在某些方面适当放权，以搞活经营管理机制。如批准选题不是一概提交选题论证会，而实行社长个人审批和选题论证会审批相结合的制度；允许适当突破已定稿费标准，扩大编辑室确定稿费的自主权；允许编辑室自行安排校对和装帧设计；拨给编辑室一定额度宣传活动经费自主支配等。这些措施也都产生了积极的效果。

三　拓展经营范围

过去出版社都是单一经营，除了图书的出版销售以外，没有其他经营业务。这种单一业态，不易使出版社做大做强。从长远发展考虑，人民出版社在改革领导体制和经营管理机制的同时，也大胆地拓展了经营业务。在1992年制定的《人民出版社改革的总体方案》中，明确指出要"开办第三产业，发展多种经营"，并在以后付诸实施。从1993年开始，陆续开办了广告公司、音像电子出版社、激光照排车间、出版服务公司、金台路经营部，开展多种经营和对外有偿服务，从而开创了人民出版社"一业为主、多种经营"的新局面。

以上所述是人民出版社1989年至1998年改革的大致情况。

这些改革是在中国出版业整体转企改制的过渡时期进行的，应
当说是很不深入的，但它反映了这一时期全国出版社改革的基
本面貌，具有一定的代表性，在中国出版史上将留下足迹。

2011 年 7 月 20 日

选任社长的几点浅见

社长是出版社的第一把手，是全社的统一管理者和最高决策人。其素质高低，合格与否，关系出版社的生死存亡。如同一个领袖之于一个国家可以说"一人兴邦，一人丧邦"，一个社长之于一个出版社也可以说"一人兴社，一人丧社"。无数事实已经验证了这一道理。

出版社社长不同于一般事业单位的第一把手，也不同于一般企业的董事长或总经理。由于出版社作为文化企业的特殊性和效益要求的双重性，对社长的要求比对一般行政、事业单位和一般物质生产企业的第一把手的要求要高。不是单纯有领导经验的人就能当社长的，也不是单纯有宣传工作经验的人就能当社长的，更不是单纯有编辑写作能力的人就能当社长的。图书出版工作的特殊性和复杂性，决定了出版社社长的岗位需要更强的复合型人才。出版社作为企业，其领导者社长要有企业管理素质，他必须熟悉市场运作规律，长于企业经营管理，能够组织调配企业的人力物力资源创造经济效益；出版社作为文化企业，其领导者社长要有较高的文化素养，他必须懂得精神生产活动的规律，对思想文化的是与非、先进与落后、精华与糟粕有较强的辨别能力，而且有建设精神文明的高度责任感和把社会效益放在首位的自觉意识；出版社作为图书生产企业，其领导者社长更要有图书生产的专业知识，熟悉编辑加工、校对、设计、制作、发行等一整套运作，尤其要有对"双效"图书选题的洞察力和悟性。作为一个出版社社长，必须具备以上三个方面的综合素质，才能胜任。仅图书出版的专业才能，没有五年的实践积累是不可能获有的。这样说并不是吹嘘出版社社长的职位高不可攀，而是要表明由于图书生产的特殊性和复杂性，这一岗位十分重要，其人选不能简单视同于一般企事业领导者，而应当更加严格地选拔。

然而，迄今为止，对出版社社长的选任普遍存在着随意性，缺乏严格的、公正公平的、科学的操作。一些有任免权的领导者特别是党委"一把手"把社长这一职位当作恩赐的礼物或甩"包袱"的遮掩所，常常不管适合不适合出版社任用，不管出版社职工同意不同意，采取程序"空转"，实为"暗箱操作"的手段，把自己想当然的社长人选强加给出版社。以至于一天没有干过图书出版的人，年龄过线、组织能力差、决策能力低，甚至无所作为、只会"经营"上级的人，都有被充任出版社社长的。而且在不少出版社像走马灯式地频繁更换社长。这种状况严重地制约了出版社的发展，造成了极不好的影响，在出版社转企以后，更加凸显出不良后果。

鉴于出版社社长岗位的重要性和任职条件的特殊性，为了防止过去在选任社长中出现的诸多问题，我以为，应当尽快改变过去的那一套选任社长的办法，按照民主、公开、竞争、择优的原则重新设计有关制度。为此，特提出以下几点浅见，供有关部门的领导参考。

第一，把"必须有至少五年图书出版工作经验"列入任职条件图书出版是一种专业性很强的工作，要精通并能领导此项工作，没有五年的在职历练是根本不行的。图书出版专业素质可以说是出版社社长最主要的任职条件。而以往选任出版社社长，竟然可以视此不顾，岂不怪哉！过去常见一些出版社发生这种现象：新上任的社长对图书出版业务一窍不通，要从头学起，而等到他精通并能指挥这套业务工作时，他的任期也到了，再来一任社长，还是如此。这使出版社叫苦不迭。要杜绝此类事情，应坚决把"必须有至少五年图书出版工作经验"一项列入出版社社长的任职条件，并公布于众，让出版社群众知晓并监督。不具备这项条件，任何人都不得充任社长，如有滥竽充数者，出版社有权抵制。当然，社长的任职条件绝不是仅此一项，其他要项也不能忽视。

第二，在图书出版系统的一定范围内公开选拔

以往，出版社社长大都是内部选拔的，即只是由上级主要领导个人在小圈子内提名，走一下规定程序，人选就确定了。这种选人办法，视野太小，缺乏选择余地，容易形成"暗箱操作"、"程序空转"，很难保证用人质量。今后决不能再继续沿用了。改革开放以后，特别是党的十七大以来，党组织大力推行公开选拔领导干部制度，出版界应当积极跟进，对出版社社长这样的重要干部也实行公开选拔。要突破过去固守的小圈子，拓宽选人视野，至少要在本地区出版系统内公开招聘出版社社长。公开招聘，有多人报名，才有比较选择，才可能拔出最优秀的人才。对此，有关领导部门不能再犹豫了。

第三，出版社领导班子和党委会参与考察

过去，出版社对自己一社之长的选择毫无发言权，而且往往在公示之前对社长人选毫不知情，上级组织派什么人来只得接受。这种不重视下级组织参与的干部安排做法不符合党的组

织原则，是权力过分集中的一种表现，它使出版社的权益没有受到应有的尊重。社长的选聘，与出版社的利益直接相关，出版社应该有发言权，而且对什么人最适合做本社的社长也最有发言权。因此没有理由把出版社排斥在社长选拔之外。鉴于此，我认为，在出版社尚未建立董事会时，公开招聘社长应让社领导班子和社党委会派代表参加考察小组，参与社长人选的考察，发表独立意见。上级领导决策时，对出版社的意见要着重参考。这样才能较有保证选拔出最符合出版社需要的社长。

第四，采用票决制确定人选

以往对干部的任用，大多采用的是议决制，提名只有一人，委员们就此一人进行讨论，没有严重分歧，就以决议形式确定下来了。这种决策办法，容易造成一把手说了算，不易消除意见表达顾虑；由于无法追究用人失误的责任主体，也难于避免不负责任的表态。因此不能充分发扬民主，保证用人质量。此种决策方式不宜再用于出版社社长的选任了。我们认为今后应当结合公开选拔实行票决制。党的十七大报告明确提出："推行地方党委讨论决定重大问题和任用重要干部票决制。"出版社社长称得上是"重要干部"，这一指示也应当在选任出版社社长中贯彻执行。票决制要求提供尽量多的符合条件的人选，实行比应选职位人数至少多一人的差额投票，而且由三分之二以上票数决定人选。这一制度由于多中选优，可以给参加表决者留出更多的话语权和选择权；由于投票无记名或者严格保密，可以减少顾虑，真实表达意见；由于多数票决定，可以防止任人唯亲、少数人说了算等不正之风。这样一来，就相对降低了选人用人失误的概率和风险，较大程度地保证了优秀社长人才脱颖而出。如果票决制实行三分之二以上多数票通过，其效果将会更好。

以上四点意见，并非新鲜见解，在某些地区、某些重要干部的选用上早已成为实践，这里只不过是又强调一番。希望出版社的上级领导虚心向外学习，尽快适应出版社转企改制，在选任社长的工作上来一番革新，不要再固守老一套做法了。我们也希望，尽快推进出版社投资主体多元化，成立股份公司，将来由与自己命运息息相关的董事会选聘社长（总经理），到那时，现行的有关选任制度之弊端就有望消除了。

2011 年 8 月 10 日

《周恩来与知识分子》书稿初审意见

《周恩来与知识分子》① 一书的作者，是《光明日报》社的一名记者，曾在《光明日报》发表过"周恩来同志和知识分子"一文。该文曾由中央书记处政策研究室的同志和中宣部正副部长邓力群、郁文同志审定。在文章的写作过程中，作者参阅了大约二三百万字的资料，后来根据这些资料编写成此书稿。

这部书稿，内容是介绍周恩来如何对待知识和知识分子的，正文约11万字，共计43节。大致分六个部分，即：周恩来解放前对知识分子的团结；解放后对旧知识分子的思想改造和对新一代知识分子的培养；正确估价知识分子的地位，充分发挥他们的作用；对知识分子的关怀和爱护；对来到我国工作的外国知识分子的团结；"文化大革命"中对知识分子的保护。书中各节都是记叙的周恩来一生在知识分子工作中有代表性的生动事迹。这些事迹是真实的，大都取材于书报杂志上公开发表过的回忆文章；所选事迹的涵盖面也比较广泛周延，即顾及了周恩来各个时期的活动，又顾及了知识分子问题的各个方面（包括对知识分子地位和作用的估计、思想上的教育帮助、工作上的重用、生活上的关怀爱护等）。通过这些事迹，基本上能够

---

① 此稿经修改后于 1985 年由人民出版社出版。

反映周恩来对待知识分子问题的马克思主义立场、观点和方法。

在写作方式上，作品不是系统地论述，而是形象地记叙，在记叙中有议论，夹叙夹议。既注意了故事性，又注意了思想性。这种写法，看上去虽然不系统，但更能突出形象化的教育，易为一般读者所喜欢。为了增强感染性，作者还打算插入一些平时少见的照片。

作者的文笔也比较清晰流畅。

但是，按照出版水平应达到的要求，作品尚显粗糙，还存在以下一些问题：

第一，前言写得过于简单，只是提出一些问题，没有分量。因为本书正文都是夹叙夹议的分散的故事，没有也不便于做概括全书主题的论述，很需要有一个总领全书、提纲挈领的前言，在前言中对周恩来的知识分子工作做个总的介绍和评论，并指明应从其中吸取的教益，给读者一个主题指引，以便使读者更深刻地理解正文中故事的内涵。仅在前言中提出一些问题是远远不够的。

第二，有的章节与主题关系不大。写周恩来青年时期在学生小知识分子中干革命工作的第一章，做知识分子工作的特点不明显，其中到武术馆跟韩慕侠先生学武术、聊天的情节（第10页）似与主题没有什么关系。“在武汉同王明、张国焘、陈独秀的斗争”一节（第18页），把党内重大路线斗争问题当做知识分子问题来写，显得牵强，反而降低了斗争的意义。“侄子、表妹和父亲”一节（第268页），把周恩来对亲属严格要求、不搞特殊，挂到知识分子问题上，也显得附会。最后一节，很多内容也与主题无关，结尾也没有力量。以上几章应该加以删节。

第三，在行文功力方面，也有不少欠缺之处。一些章节存有明显的拼接痕迹，实例之间的衔接、上下段的过渡不够自然；有的章节缺乏议论或画龙点睛；有的章节，议论与题目呼应不上。作品中多处引用周恩来大段大段的话，但不加引号，使人读后，往往分不清是周的话还是作者的话了。此外在遣词用语上也有一些毛病。

第四，注释太多。本书取材广泛，作者对所引用的材料逐一注明了出处。一本通俗小册子，注文有三百来条，占用了一万五千字的篇幅，颇显得喧宾夺主。这些注文，大部分可以不要。

尽管书稿存在以上问题，但我认为，此稿从选题到内容到写法，其基础都还是较好的，若经进一步加工修改，可以成为一本有价值的通俗政治读物。它既适合广大群众阅读，更适合广大干部特别是领导干部阅读。建议考虑采用，退作者修改。如认为有出版基础，作者希望修改后，先打印或复印几分，送有关单位征求意见。

1983 年 7 月 27 日

《干部之友丛书》:益友和知音[*]

　　在新的历史时期，随着社会主义现代化建设的全面推进，战斗在各条战线的广大干部，特别是各级领导干部，迫切要求重新学习，以开阔眼界，活跃思想，提高马克思列宁主义理论水平、思想道德水平和文化知识水平，从而更好地适应新形势、新任务的需要。为满足干部的这一要求，我们编辑了这套《干部之友丛书》。

　　《干部之友丛书》将从社会主义现代化建设的现实需要出发，运用马克思列宁主义、毛泽东思想的立场、观点、方法，研究探讨经济、政治、文化、社会各个领域在坚持四项基本原则和改革、开放、搞活中的新情况、新问题、新经验，介绍当代世界的新变化和主要思潮，与广大干部一起从不同方面和角度探索建设有中国特色社会主义的规律。它的撰述力求有一定的思想深度和理论深度，即不仅有深层次的思考和深刻的见解，还有严格的理论论证，能反映出最新的理论研究成果。在文风上，力求严肃活泼、深入浅出、有血有肉、引人入胜。

　　《干部之友丛书》，顾名思义，主要是给干部读的，首先乐

　　＊　本文原为作者代表人民出版社编辑部起草的《干部之友丛书》"编者的话"。《干部之友丛书》是人民出版社从1986年开始陆续出版的一套丛书。

于与广大干部结为益友，但也希望能够成为当代大学生、青年、教师和社会科学工作者的知音。丛书衷心期望各界人士特别是专家学者及各级领导鼎力襄助。

中共中央宣传部理论局唐绍明、董京泉、顾明和中共中央组织部干部教育局陈鸿苏、李浩昌、高世琦等同志对丛书的编辑工作给予了热情帮助，我们在此深致谢意。

1987 年 2 月 28 日

生活方式

——一个新课题的探索

生活方式一词，在新中国成立后，特别是"文化大革命"中，只有挂上"资产阶级"这一定语，才为人们所瞩目。由于"左"的思想的影响，对生活方式的科学研究几乎成为不可能。其实，生活方式问题是一个直接关系人怎样生活，关系人生存和发展的重要理论课题，科学健康的生活方式，对人类社会的进步起着巨大的推动作用。在社会主义社会，尤其要研究生活方式问题。可喜的是，改革开放以来，对这一课题的研究已进入人们的视野。人民出版社最近出版的《生活方式》一书，就是此课题研究的初步成果，它以专著的形式开拓了改革开放后国内关于生活方式问题研究的先河。

什么是生活方式？人们往往以为它是"生活资料的消费方式"或"吃喝住用玩的方式"，这是对生活方式的狭义理解。这种理解，只是从人生活的局部内容把握生活方式，并不能全面反映生活方式的本质内涵。人作为社会主体，其生活活动的内容是复杂的、多方面的，既有物质资料的消费生活，又有劳动生活、政治生活、精神文化生活等，上述这种理解，忽视了对劳动生活、政治生活、精神生活等更高层次生活内容的把握，不免陷入片面性，容易误导人们把生活理想、生活目标局限于满足低层次的生活需求，而忽略或忘记作为社会历史主人的权利、义务和相应的思想行为方式。本书与此不同，它把生活方式范畴理解为"人为满足生存和发展需要而进行的全部活动的总体模式和基本特征"。这就科学地概括了生活方式的本质内涵。由于人们生活活动的复杂性，生活方式也是复杂的、多层面的，它反映了作为主体的人的生活活动与整个社会生活条件的各种联系和关系。本书就是从这些联系和关系中多层面、多角度地把握生活方式的。

生活方式是一个完整的结构体系。它可以划分为多个不同的分支系统。有人把它划分为物质生活方式和精神生活方式两大分支系统，这种划分过于笼统，不易于全面把握生活方式。本书从人的多方面的生活活动内容上把生活方式划分为劳动（职业）生活方式、家庭生活方式、社会交往方式、科学文化认识方式、社会政治生活方式、宗教生活方式六个分支系统。还从多种角度把生活方式划分为其他不同类型，如从作为生活方式承担者、创造者的主体角度，区分为社会生活方式、群体生活方式、个人生活方式；从社会经济形态角度，区分为前资本主义社会生活方式、资本主义社会生活方式和社会主义社会生活方式；从人口群体角度，区分为青年、老年、妇女生活方式等。书中在考察了生活方式总体的同时，用大量篇幅考察了生活方式的若干分支系统和类型——劳动、消费、闲暇、家庭、妇女、青年、老年、知识分子、城市、乡村生活方式。

生活方式问题，与人们的现实生活紧密相关，研究它的目的在于知晓人们怎样生活，帮助人们形成文明的、健康的、科学的生活方式。于是，何为文明的、健康的、科学的生活方式、怎样形成这种生活方式，就成了生活方式研究的主要课题。本书站在时代的高度，结合整个世界特别是我国随着改革开放而发生的社会变迁，运用大量调查材料，对这一课题做了重点探讨。不仅对各分支系统和类型的生活方式的发展趋势和改革优化分别做了考察，还在最后一章，从总体上论述了社会主义生活方式即文明的、健康的、科学的生活方式的特征、形成等问题。在这方面作了不少有创建的思考。比如对社会主义生活方式的特征，作者的概括是：从其总体上看，它是自主性的，积极性、创造性的，丰富性、多样性的；从其内容结构上看，是劳动与享受的统一，物质生活与精神生活的和谐；从其所体现的社会关系来看，是集体主义的；从其所体现的人与自然的关系来看，是智力圈与生物圈的协调发展。在此问题的研究中，作者着力贯彻了马克思主义关于人的价值、人的自由全面发展的思想。对社会主义生活方式的形成，从社会政治、经济、文化、心理条件，自然条件和人工环境条件，以及主体——人自身的条件方面，提出了不少建设性的意见，特别强调主体——人自身的心理、思想文化素质提高的重要性。这些论述，对我们构建全社会和个人生活的总体模式——生活方式，具有很好的现实参考价值。

由于生活方式在我国还是个新课题，《生活方式》一书难免还有不成熟之处。如全书体系的安排不够严谨缜密，从生活方式理论体系本身的内在逻辑上注意不够，有的重要分支系统没有做专章论述，有的方面研究得不深、不透，这些都是在今后的研究中有待深入的问题。

原播发于北京人民广播电台 1987 年 5 月 21 日

评《民主宪政新潮——宪法监督的
理论与实践》

在西方学术界，传统上把国家的宏观政治权力分为三部分，即立法、行政、司法三权，并在三权之间建立一种相互制约与平衡的关系，以保持权力体系的运作与发展。然而，人类并没有止步不前，而是经过实践和探索，在传统的政治三权之上，又发展了被某些西方学者称之为第四个政治权力的"宪法监督权"。这一新兴的政治权力萌芽于二三百年以前，而渐次成熟于最近三四十年。在今天，它已经引起了世界范围内许多国家的热切关注，不仅形成了较为系统的有关基础理论，而且创造了各式各样的宪法监督权。即使在我们这种民主宪政基础薄弱和起步较晚的国度，宪法监督的春风也吹启了人们长期被封建专制传统禁闭的心扉。特别是今年召开的全国人大七届二次会议对包括宪法监督在内的法律监督所表现出来的前所未有的觉悟和关注，更使人们看到了希望的曙光。现在人民出版社出版发行了陈云生同志撰著的《民主宪政新潮——宪法监督的理论与实践》一书，为我国的政治生活长青之树增加了一片新叶。

正当我国学术界众多的学者把目光投向西方传统的权力分立和制衡的权力结构模式，以谋求健全和发展我国民主政治的他山之石时，作者以其对民主政治的学术敏感，把目光投向了更广阔的视野，及时捕捉住当前民主政治中最新发展起来的重大课题——宪法监督问题，并对此加以研究。作者在本书中的研究虽有不尽如人意和可以商榷的方面，但他对这一重大理论和现实问题的探求及其成果的率先推出，在国内的政治学和宪法学界可以说是开了先河。

在本书的理论部分，作者并没有试图创立自己独立的理论体系，而是竭尽全力把现存的理论从总体上给以全面的概述、系统的整理和科学的分析。真正合乎科学的理论体系的创造固然值得倡导和推崇，但在我国目前宪法监督理论基础薄弱，各方面对之还缺乏深刻了解的情况下，作者所从事的这种研究或许更切合实际。毋庸置疑，把人类发展到目前为止的宪法监督的基本理论给以科学的概括、整理和分析，本身就是艰苦的理论创造。如作者对宪法监督意义、概念、本质、对象、范围、原则、方法以及理论基础等方面，就有自己的独立思考和认识。

宪法监督绝不是政治学家、宪法学家头脑中的玄想。其强大的生命力就在于它是一种实实在在的政治过程，是宪政建设中一个不可缺少的重要环节。它以多种制度的形式存在，在政治、经济、社会事务中发挥着日益强大和深远的影响。发现这些制度，分析和比较这些制度，理所当然地成为宪法监督研究中的重要任务。我们欣喜地注意到，作者在这方面所做的努力同样取得了可喜的成果。他不但向读者展示了中外宪法监督制度的全貌，而且对各种宪法监督制度的长短优劣进行了评析。难能可贵的是，作者对任何社会形态下的宪法监督制度，都采取了实事求是的、中肯的分析态度，而不是采取一概否定或一概肯定的态度。而这种科学的态度，无疑也是值得肯定和倡导的。

　　对如何健全和完善我国的宪法监督制度以及如何推进和加强我国的宪法监督工作问题，作者也表现出相当的冷静。目前国内宪法学界倡导在我国建立宪法法院之类具有极大权威的专门宪法监督机关的呼声较高。对此，作者没有人云亦云。他认为，在我国的宪法还没有真正树立起极大的权威，在监督宪法全面实施还缺乏坚实的社会基础和必备的条件时，应当从实际出发，采取积极而又稳妥的途径和形式来健全宪法监督制度，加强宪法监督工作。书中提到的在全国人大体制内建立专门的宪法监督工作机关，建立人民监督机关，实行人大监督员制度，在最高人民法院设立宪法审判庭或单独组建宪法权利保护法院以实行有限的宪法诉讼制度等，都是作者自认为在充分考虑国情，并进行可行性研究之后率先提出的。这方面的观点可能会引起较多的争议，但作为一家之言，对关于健全我国宪法监督制度的研究和讨论，至少可以起到抛砖引玉的作用。

原载 1989 年 5 月 19 日《人民日报》

《日出东方——北京和上海的文化精神》
书稿终审意见

　　同意责任编辑对《日出东方——北京和上海的文化精神》①一书的评价。本稿是一部研究北京和上海城市文化的专著。作者运用文学、历史学、社会学和社会心理学的综合知识，考察了我国两个最大、最有影响的城市——北京和上海的发生和崛起，探讨了在这两个城市环境中分别形成的城市文化——被称为京派文化和海派文化——的不同风格特点，并且从城市性质、文化生长机制、文化生态环境出发，剖析了京海文化的内涵、韵味、价值、功能、对峙、差异和消长、流变。作者对京派文化和海派文化的价值及生长的政治、经济、社会条件的评述，对解放后京沪两地文化发展正负面的回顾，以及对京沪两地城市文化当前受到市场经济严重冲击的看法，显得颇为深刻而精彩。

　　作者的主旨思想是：本世纪由两个中心城市北京和上海造就的，在二三十年代盛极一时的京派文化和海派文化，在当今

---

　　① 此书以《城市季风：北京和上海的文化精神》为书名于1994年10月由东方出版社出版，1996年获中国书刊发行业协会颁发的"全国优秀畅销书"奖。

中国社会因使它们得以产生的制度环境和文化生态条件的丧失而正在走向衰退，代表京派文化和海派文化的知识分子精英文化和严肃文化，由于正在受到市场经济的冲击而处于微不足道、可有可无的境地。面对工业文明和现代化的浪潮，具有古老文明的泱泱大国——中国需要保持强有力的文化支撑，上海和北京作为两个最大的城市应当承担起自己的责任和使命，使依然富有价值和魅力的京派文化和海派文化复兴起来。这些思考尽管似乎有过分的"文化悲哀"之嫌，但我认为是极富启发意义的，它表现了作者的远见卓识和对我国文化建设的高度责任感。

本稿思想性、学理性、知识性、趣味性兼备，文笔洒脱高雅，流畅通达，堪称一部佳作，很可能产生轰动效应。同意出版。同意责任编辑将书名改为《城市季风》，列入"满江红书系"的意见。

尚有几点修改意见，提出供参考。

（一）本稿在论述当今海派文化赖以存在和发展的条件丧失时，以二十世纪上半叶上海所具备的"优越的文化发展条件"为参照，给人以今不如昔之感。第627页讲道："大都市作为文化中心的关键，是它吸引聚和知识分子的能力。这有赖于一种良好的文化生态环境；繁荣的经济生活造成的富足充裕的物质生活条件；发达的文化、教育、新闻、出版事业和先进的文化设施；成熟的文化市场，思想、言论自由的制度保障等等。二十世纪上半叶的上海，具备了所有这些条件……租界制度使上海成为'治外之地'和传统礼教的'化外之地'，为思想文化的发展提供了前所未有的保障。这一切使上海具有巨大的吸引力……造成海派文化风云际会、巨大恢弘的气象。"紧接着，作者写道："不难看到，海派文化赖以产生的制度环境和文化生态多已不复存在。"这样比较而言，就意味着解放后四十多年

（包括改革开放以来十多年）的新上海，在文化发展条件上不如解放前二三十年代的旧上海。似乎言过其实。特别是这两段话给人以一种印象：当今的制度环境不如当时的租界制度对文化发展有利，这似乎更与事实不符。请将这些话再斟酌一番。

（二）文中在论述导致上海衰退的原因是对上海"鞭打快牛"、"竭泽而渔"时，两处指名埋怨"中央"（第349、363页），这有违宣传纪律，请适当处理。

（三）第242—243页有关于"文革"中"大兴事件"和"道具事件"惨剧的文字，其中披露了大批杀害"五类分子"及其家属的数字，这可能会引起负面作用，这类数字尽管属实且有的来源于公开出版物，但在这部严肃著作中也不宜再加披露，应予删除。

（四）有些话说得过于偏激，如第248页"随着对所有生产工具一律没收"一语，不完全符合我国所有制改造的事实。第250页"类似的管理行为充斥在北京的市政管理中：为了首都的观瞻而限制便民利民的服务项目；为市容整洁而限制养鸽……"这句话说的不够客观，且与本书主张保持北京古都风貌的思想有矛盾。第319页写道："一代文豪老舍先生终于以舍身太平湖的壮举完成了人生的彻悟和对社会的批判，实现了人格美的升华。"老舍因受迫害而自杀，确是对社会的批判，然而说这是"完成了人生的彻悟"和"实现了人格美的升华"的"壮举"，似乎过誉了。请对以上几句话斟酌处理。

1994 年 3 月 21 日

《许世友外传》书稿终审意见

《许世友外传》一书[①]，是在《许世友传奇》一书的基础上修订而成的。现稿主要增加了传主解放后的一些活动内容，并改《传奇》为《外传》。

本稿作为外传，虽然在故事情节上主要是人物的对话、心理活动等方面有所虚构，并且有的故事依据于民间传说，事实不很确凿，但传主的主要活动事迹还是有史实根据的。特别是与重大历史事件有关的事迹、活动，作者都是严格尊重史实加以把握的。因而，从总体上说，《外传》的内容基本符合历史事实，不是胡编乱造。

传主许世友是我党我军一位"具有特殊性格、特殊经历、特殊贡献的特殊人物"。他有突出的缺点，但不失为一位伟大的共产主义战士、无产阶级革命家。本书比较客观地展现了传主上述个性特征，塑造了许世友的真实形象。通过许世友带有传奇色彩一生的描述，讴歌了他不怕苦、不怕死、敢打敢拼的大无畏革命英雄主义精神，对党对人民忠心耿耿、无私奉献的崇高思想，坚持社会主义、共产主义理想毫不动摇的革命信念，以及刚直不阿、疾恶如仇、坚持正义、旗帜鲜明的高贵品格。

---

① 此书于1997年3月1日由东方出版社出版。

这些内容对读者特别是青少年，具有极大的教育意义。

在写作艺术上，作者注意运用文学笔法，使传记达到了较强的故事性、生动性、可读性，颇具感染力。

从内容到形式，本稿的写作都是成功的，基本上达到了出版要求。但还有以下一些问题需要酌情处理：

（一）本稿既有"开篇话"，又有"卷首语"，"卷首语"的结尾部分与"开篇话"有所重叠，因而"开篇话"显得多此一举，似不如将"开篇话"糅到"卷首语"的结尾。"卷首语"的第8行和第9、10、11行文字衔接得不顺畅贴切。

（二）许世友曾有三个名字，最初叫"许仕友"，到红四军后改名为"许士友"，被任命为军长后，经毛泽东提议又改名为"许世友"。因为传主的正名是"许世友"，在一般行文中以"许世友"一以贯之当然是不错的，但在传主的名字改为"许世友"之前，在别人称呼他或自己称呼自己的带引号的句子中，仍写"许世友"，就不合逻辑，也与通缉令中的"许仕友"三字相矛盾。

（三）第281页讲到1927年反革命政变时，几处提到冯玉祥与蒋介石、汪精卫勾结反共，这虽然是历史事实，但因冯玉祥的名字在本书中无关紧要，加之从统战角度考虑，以不提他为好。

（四）第33章第1节中写到有关张国焘暗中指使许世友要秘书除掉朱德和刘伯承的情节，这是关系到党史的较重大事件，必须有史实根据。许世友事后活了那么多年，应有他的认证，如果没有，最好割爱。因为许世友离我们太近，即使是外传，这样重要的事件也不能虚构，否则，会让史家说三道四。

（五）有些章节的题头语与正文不吻合。如第753页第37章第1节的题头语"许世友训话：太平我不来，我来不太平"，在正文中没有反映。第 792 页的一节，题头语中有"许世友的第三次婚姻更具传奇性，耐人寻味"的话，因第二次婚姻在前文中没有明显交代，让人觉得唐突。第 885 页第 44 章第 1 节题头语为"打猎是一种上帝的享受，作为军人，不会打猎倒是一种悲哀。我不希望人们都去打猎，但对狩猎的人能够理解。南京军区党委曾作出不准打猎的规定，我服从。不能打猎，但打鸟总是可以吧"，在正文中也没有与此对应的文字。第 952 页第 1 节的题头语为"正当邓小平在美国的白宫，点起一支香烟，和美国领导人开怀畅谈之时，许世友和他的部队前指已进入坑道，只待一声令发"，此题头语的前半句在正文中也没有交代。

（六）有些章节涉及传主的文字只有一两句话，没有必要独立成篇。如第 896—901 页、第 905—911 页、第 912—919 页、第 919—925 页的四节。

（七）个别文字有损许世友的形象，如第 1060 页"这口约有 2000 斤重的楠木棺材，是广州军区党委赠送"一语中"约有 2000 斤重"几字有副作用。第 1060 页在棺材里"放一些钞票"，带有迷信色彩。

（八）第 966 页"大战前夕，一份难得的情报"一节，把某国军队干部向我方提供情报的细节写得非常具体，而且都有名有姓，这样写可能会给提供情报的人带来灾祸。

（九）从 44 章到 51 章写的是传主在对越反击战中的事迹，这几章多有"越南小霸"、"越南侵略者"、"越南鬼子"、"越南地区霸权主义者"、"越南向其主子苏联乞求援助"、"惩罚越南"、"教训越南"等语，这在中越关系已经正常化的今天，还能不能白纸黑字公开讲？是否会引起国家关系上的麻烦？要慎重。

（十）最后一章作者多次把自己摆进去，出现"我"、"笔者"的第一人称,这与其他章节的第三人称写法不协调。

　　请作者对以上问题加以处理,经责编重审后再发稿。第44—51章,需备案报批,请即速办理备案报批手续。

1996 年 11 月 1 日

《现代中国文化的构建——胡适文化思想论析》书稿终审意见

　　作为近现代史上颇有影响的思想家、教育家，胡适的文化思想是有其丰富内涵和积极借鉴意义的。过去由于"左"的思想的影响，对胡适文化思想的研究缺乏实事求是，流于简单化的批判和否定，因而胡适文化思想中的精华未能得到充分开掘，这是不应该的。在近年兴起的胡适研究热中产生的《现代中国文化的构建——胡适文化思想论析》①一书，一反过去的立场，对胡适的文化思想进行了全面的论析，从对构建现代中国文化的意义的角度，给予了高度的评价，反映了胡适研究的新面貌。通读全稿，应当说这是一部有学术价值的著作，因此基本可用。但是书稿中对胡适某些文化思想的论析似有脱离当时历史背景的抽象肯定倾向，淡化或掩盖了胡适思想的糟粕，因而令人觉得评析缺乏辩证性和客观性。

　　具体问题有如下一些：

　　第 6 页在引述台湾学者李敖"胡适之是我们思想界的伟大

_____

① 此书在接受终审意见后，书名改为《胡适文化思想论析》，于 1998 年 4 月由东方出版社出版。

领袖……"的评价之后，作者说"就胡适对中国思想文化的贡献来说，李敖的评价并不过分"，这等于认可李敖的评价。把胡适这样一位最后走上中国革命对立面的人称为"我们思想界的伟大领袖"，似乎过分了。

第 11 页第 2 自然段给人感觉似乎胡适主张"全盘西化"，提倡矫枉过正、"拼命走极端"是对的。似应明确指出这一口号有误导性。

第 13 页第 4 自然段，作者认为胡适的"被孔丘、朱熹牵着鼻子走，固然不算高明；被马克思、列宁、斯大林牵着鼻子走，也算不得好汉"的话里边，有着"难能可贵的""主体意识"，这样讲不妥。

胡的历史表现已经证明，他的上述后半句，意味着拒绝接受马克思主义，这有什么"难能可贵"的呢？后面谈到"胡适所努力实践的"、"不顾一切追求真理的精神"，似乎也有过誉之嫌。

第 30—40 页，从书稿中列举的在《爱国运动与求学》等文中的一些言论可以看出，胡适是不赞成甚至反感当时的学生爱国运动的，但作者却认为他的这些言论"从其主观方面有某种'热者冷之'的思想家的特色"，"并非毫无道理"，对胡适的这些言论只是轻描淡写地作了一句"有些不合时宜"的批评。这种评论似有护短之嫌。胡适的"教育救国论"不宜全盘否定，这是对的，但对他当时不赞成甚至反感学生爱国运动的用意也没有必要袒护。

第 10 页倒数第 6 行说"正是这个发展科学的"五年计划"，逐步地把台湾当局从反攻大陆的梦幻中拉回现实"。如果胡适的发展科学的'五年计划'真起到了这种作用，那么三年困难时期台湾当局反攻大陆又怎么解释呢？

倒数第3—1行，作者在赞扬胡适"长线救国论"时，暗中批评解放后我们自己是"短线救国论"，不妥。

第77页倒数第12—8行，作者引用台湾作者唐德刚的话说明在一系列"西化运动"中，胡适是最有成绩的一位倡导人。接着又引用历史学家汤因比的话说明"为什么要'西化'"，其中理由之一是"西方文明的前景实际上就是这正在西方化的世界的前景"。这样行文，似有提倡"西化"之嫌。

第78—79页，列举了胡适一系列主张改良、不赞成通过"主义"和革命的方式改造社会的言论，最后给以"充满理性思考"的评价。这样笼统地肯定胡适的改良观，似有片面性。胡适的改良观中，包含着拒斥马克思主义、社会主义、暴力革命的糟粕，似不应一概肯定，而应当有一定否定性的批判。

第82—83页一节，不加任何批判地摆出胡适有关"再造文明"的主张，最后笼统地加以肯定，说"胡适确立于30年代的这个'再造文明'的理想方向，相对来说是比较接近于正确的文化选择的，它的基本内涵至今没有成为历史，而且与我国经过一段封闭之后改革开放、走向世界的现实选择是相通的"。这样评价胡适的"再造文明"观，似有简单化之虞。胡适不赞成通过"主义"和暴力革命改造社会，正如文中谈到的，在他看来，"我们的真正敌人是贫穷，是疾病，是愚昧，是贪污，是扰乱。这五大恶魔是我们革命的真正对象，而它们都不是用暴力革命所能打倒的"。这句话并不错，但联系胡适不赞成通过"主义"和革命的方式改造社会的言论，就其内心而言，有反感暴力革命之意。历史事实证明，在当时半封建半殖民地旧中国，如不首先进行推翻三座大山的暴力革命，打倒"五大恶魔"、"再造文明"只不过是空谈。何况"五大恶魔"中的"扰乱"所指有可能包括革命行动。因此他的"再造文明"观不是完美的，要有分析。

此外，本稿的书名《现代中国文化的构建》也觉得大而无当，内容不是论述现代中国文化的构建，而是论析胡适的文化思想，试图说明胡适的文化思想对建构中国文化的意义，因而书名有必要再行斟酌。

请作者对上述问题加以处理。

1997 年 7 月 4 日

品尝"西典"的原汁原味

——在英文版《西学基本经典》首发式上的讲话

在千禧年刚刚到来之际，我们在我国著名学府北京大学举办《西学基本经典》首发式。我谨代表社科出版社对大家的光临表示由衷的感谢和热烈的欢迎！

《西学基本经典》首辑百卷本是由一批中青年学者和编辑策划，由中国社会科学出版社出版的一套西方人文社科学术经典名著英文原版大型影印丛书。这套丛书的所有书目都是经季羡林、费孝通等39位中国一流西学专家精心挑选的中外学术界公认的人文社科经典著作，选择的是权威性的英文原版或最佳英文译本。它涵盖了哲学、宗教学、伦理学、政治学、法学、历史学、心理学、经济学、人类学、社会学等十大主要人文社会科学学科。著作时间跨度上自古希腊、罗马，下迄当代。以影印英文原版形式，以百卷本的规模，一次性推出西学经典名著，在我国尚属首次。这是一个巨大的出版工程。它凝聚了许多学者和出版人的心血。在这里，我要感谢所有为这套丛书的出版付出了心血的同志们，特别是各位专家学者。

西学，包括人文社会科学和自然科学，是人类文化的重要组成部分，其中许多精华，是全人类共同的宝贵财富。特别是那些学术大师的优秀思想学说，对人类的进步有着恒久的积极影响。20世纪的西学东渐，特别是科学和民主思想与先进科学技术在中国的传播，无疑对中国的崛起产生了巨大的积极作用。因此，我们对西学绝不可拒之门外。自古以来，西方思想家留下许多典籍，其中不乏经典之作。以"拿来主义"向国人推介，供借鉴参考，这是我国学术界和出版界义不容辞的责任。鉴于此，我们中国社会科学出版社近年来也向商务印书馆、三联书店等兄弟出版社学习，精心组织翻译出版了一批西方学术著作，今天我们又推出了这套英文影印版《西学基本经典》。这是我们对中西文化交流和中国学术文化繁荣所作的一点奉献，也是对人类进入新千年的一份贺礼。

《西学基本经典》首辑百种，以英文原版影印推出，是我们经过市场调查，为弥补西学经典外文原版出版空白，为适应现代学子阅读英文原版著作的需要，并且鉴于当前我国读者的购买力水平而作出的选择。众所周知，当前的图书市场上，在人文社会科学领域，以商务印书馆出版的《汉译世界学术名著丛书》和三联书店出版的学术文库为代表，西方学术经典译著已有不少。但是，以英文为主的外文学术原著的出版所见不多，特别是大规模地、系统性地以丛书形式整体推出的外文学术原著，尚属凤毛麟角。近几年来，随着英语在我国的普及，许多年轻的学者具备了较高的英语素养，他们已不满足于读汉译学术著作，而是要求直接读外文原版，以图更精准地领悟西学的真谛，品尝"西典"的原汁原味。然而，由于进口图书品种不全，价格昂贵，许多原版经典在国内买不到，或买不起，学者的愿望得不到满足。在这种情况下，我们影印这套西学基本经典英文原版，就是很有必要的了。这套丛书选目精当，包装精美，价格低廉，它适应了我国学术界对西学研究的需要，也适应了新一代学者阅读方式多语化、科学化的要求，同时还适应了当前我国单位和读者的购买力水平。

我们相信，《西学基本经典》首辑百种英文影印版的推出，一定会受到学术界的瞩目和欢迎。希望这一出版行动能够进一步推动我国学术界对西方学术文化的研究，以尽量多地取其精华，为我所用，给中华文化补充营养，使中华文化更加丰富多彩，使国人的文明程度更快地提高，使我们国家早日复兴。

由于西学典籍汗牛充栋，选择百种基本经典实属不易，本丛书的选目在学术界难免有分歧，可能会有进一步斟酌的余地；由于我们在影印外文原版书特别是大型丛书方面缺乏经验，可能在编辑印制环节会存在缺点和不足，也希望广大读者特别是专家学者给我们提出宝贵意见，以便使我们今后在这方面的工作能做得更好。

2000 年 1 月 5 日

儒家传统的现代诠释

——《东亚价值与多元现代性》一书简介

在 20 世纪初打倒孔家店的呼声中，儒学从统治了中国两千年的官方意识形态正统席位上跌了下来，而长期受到冷落，只是作为学者书桌上的研究批判对象而存在。在应接不暇的种种现代化理论面前，儒家传统这种"本土经验"被认为是与现代化和全球化格格不入的。然而，随着 70 年代以来亚洲"四小龙"的崛起，儒学似乎时来运转，人们又开始重新审视它的价值，尤其是儒学与现代化的关系问题。以复兴儒家话语为己任的"新儒家"一直致力于研究儒家传统在现代化进程中的相关性。他们以儒家视界在整个东亚现代化过程中扮演了积极角色为证，极力主张在多元文化背景中进行儒学创新，通过"创造性的诠释"，使儒家传统这一本土经验提供全球意义。这就形成了"当代新儒家"的文化思潮。几十年来，这一思潮以学统的形式一系相承，不绝如缕。

美籍华人学者、哈佛燕京学社社长、第三代新儒家的代表人物杜维明，在他的《东亚价值与多元现代性》一书（"新传统主义丛书"之一）中，充分表达了当代"新儒家"的思维。

他在书中探讨了六个方面的内容：汉学、中国学与儒学的相互关联及儒家传统的全球意义；儒学的超载性及其宗教向度；儒家"体知"传统的现代诠释；从亚洲危机谈工业东亚模式；全球化与本土化冲击下的儒家人文精神；何为儒家之道。书中阐述了新儒学和旧儒学之间的差别，就儒家传统的诸多方面，如儒家智慧的基本点、儒家人文精神的向度和原则、儒家传统的根本关怀、儒家的视界、儒家精神的显著特征等，作了现代诠释。杜先生认为：目前人类在全球化而又地域化的过程中所面临的普遍性与特殊性之间的冲突可以从儒家智慧中得到很大启发而求解；儒家传统中有很多珍贵的资源和可与时代相契合的地方；儒家的人文精神是涵盖性的，与生态、环保、女性主义等问题，都可以对话、辩难。杜先生还认为儒学进一步发展有一个"十年机缘"，儒家之道在其发展的第三期必将越出中文世界。

《东亚价值与多元现代性》一书，为人们了解"当代新儒家"的文化思潮和第三代新儒家的思维理论，提供了一个重要文本，值得人们阅读体会。

原载 2001 年 1 月 6 日《文汇读书周报》

展现西方现代思想的一套丛书[*]

　　《西方现代思想丛书》是近年来由我社出版的一套译著类丛书，它的品种都是翻译过来的西方现代思想最有代表性的学术著作，至今已出版九种，分别是：《通往奴役之路》《重申自由主义》《历史主义贫困论》《论国家的作用》《自由宪章》《开放社会及其敌人》《致命的自负》《自由与繁荣的国度》《哈耶克思想论集》。

　　改革开放以后，我国正在加快融入世界，要发展我国的政治、经济、文化，必须加强与外界的交流。西方的思想文化对全世界有着重要的影响，加强与外界的交流，对西方的思想文化尤其是西方现代思想文化不可不了解和研究。我们出版这套丛书的目的，就是向我国广大读者特别是学术界客观地、原原本本地展现西方有重大影响的社会思想、思潮，以为我们研究西方的现代思想文化提供资料，也为我国的社会主义现代化建设提供借鉴和参考。

　　这套丛书的推出，可以说是我们向商务印书馆《汉译世界学术名著丛书》学习，在国内试图实施的又一项同类性质的出版工程，所不同的是，它的视角是"现代"，更加贴近我们的现实。

　　大家知道，国外社科学术著作其课题离我们的现实越近，它

---

　　* 本文是在《西方现代思想丛书》出版座谈会上致辞的主要内容。

在国内出版的难度就越大。这套书由于很多思想主张与我国的现实相悖甚至"反动"，其绝大多数品种在改革开放以前出版是不可想象的。比如哈耶克的《通往奴役之路》论述的是极权社会是如何产生的，如何维持的，其运行规律是怎样的，必然导致什么结果等，认为计划经济引导民众通向奴役，追求计划经济其无意识后果必然是极权主义。这类内容的书在改革开放以前怎么可能出版呢？然而现在却堂堂正正地摆在了国营书店，这反映了我国宣传主管部门特别是学术界思想的解放。这套丛书出版以后，受到我国知识阶层、干部阶层特别是学术界的高度关注，引起了很大的社会反响，对推动我们研究和认识现代西方社会及其思想起了积极的作用。这要感谢丛书的编委会和各位译者的辛勤劳动，是他们为我国的精神文明建设做了一件功德无量的大好事。

我们中国社会科学出版社是以传播人文社科学术著作为己任的出版社，建社以来出版了大量人文社科学术著作和通俗读物。为了贯彻党中央关于认真吸收世界优秀文化成果的指示精神，我社高度重视翻译出版国外特别是西方发达国家于我有用的人文社科类著作。我社已与国外多个基金会建立合作关系，出版了一大批有影响的译著或外文原版书。单就丛书而言，除《西方现代思想丛书》外，还有如《剑桥中国史》《剑桥世界近代史》《国外经济管理名著译丛》《哈佛剑桥经济学著作译丛》《美国哲学社会科学名著译丛》《国外伦理学名著译丛》《知识分子图书馆》《以色列研究丛书》《西学基本经典》（英文版）等。可以说我社在外版书的翻译出版方面是走在出版界前列的。今后我们还要在这方面特别是出版像《西方现代思想丛书》这类重点图书上继续努力，争取为我国的文化建设作出更多的奉献。

2001 年 12 月 4 日

《论智慧》:成功解析了一个重大难题[*]

　　余华东的博士论文,研究的是智慧的本质和培养问题。这是一个有相当难度的、意义重大的哲学课题。人们公认,哲学是智慧之学,但什么是智慧,其本质是什么,怎么培养智慧?迄今未见集中的、有分量的学术研究成果。智慧对人类有巨大价值,研究它有重要意义,特别是知识经济时代,研究它更有重要意义。但是智慧问题是哲学层次的高深学术问题,它很抽象,前人的研究成果又不多,因此要搞清楚难度很大。本书成功地解析了这一重大难题,展示了较高的学术水平。

　　对于什么是智慧,过去人们理解得并不全面,甚至有误解。一般认为,掌握的知识多智慧就高,抽象思维或逻辑思维能力强智慧就强。现代思维科学越来越重视灵感思维,许多人认为灵感思维能力越强越有智慧。说法不少,但至今未见对智慧的令人信服的解释。余华东将智慧与"产生新思想"联系起来,给智慧定义为"人所具有的产生新思想的思维能力",抓住了智慧的本质。作者根据莱布尼兹的充足理由律把人的思维划分为逻辑思维和非逻辑思维,论证了非逻辑思维是产生新思想的

---

　　* 本文原系对余华东博士论文《论智慧》的评语,后作为"序"发表于 2005 年 3 月由中国社会科学出版社出版的《论智慧》一书。

关键，把智慧的基点放在非逻辑思维能力上，并据此提出了智慧培养、训练的三个主要原则。这些观点的提出和论证，超越了以前的同类研究，具有明显的创新性，把人们对智慧问题的认识大大向前推进了一步。可以说是对现代哲学突出非理性、非逻辑思维的积极意义的本质性发掘，将对教育改革、人才培养产生积极影响。

本书的不足之处是，对非逻辑思维与理论思维的关系、非逻辑思维在理论思维中的作用没有论及。马克思主义者非常强调理论思维的作用，如果讲一讲非逻辑思维对理论思维的意义，那将更有说服力。

2001 年 12 月 15 日

率先系统阐述互联网危害及防范对策的警示之作*

中国社会科学出版社出版的《数字化侵害——中国青少年网络问题报告》(以下简称《报告》)一书引起了社会的广泛关注。这是国内率先从青少年遭受数字化侵害的视觉系统阐述互联网危害及防范对策的一部警示之作。

网络是随着计算机技术发展而出现的一种新的信息和传媒技术。与传统的传媒技术相比,它具有方便、快捷、信息量大、成本低、效率高等诸多优点。同时还具有隐秘性的特点。正是这些优点和特点,它使人们方便快捷地接受信息、购物结算,轻松、即时地享受娱乐、互通情感,因而它一经出现便广受欢迎,得到了飞速发展。然而,像其他新技术一样,互联网技术同样是一把双刃剑。也正是它的上述优点和特点,为各种不良信息的传播和多种手段的犯罪提供了方便,给广大受众带来不少新的危害。特别是那些单纯幼稚的青少年,更首当其冲地成为受害者。事实表明,青少年的心理疾病和犯罪案件肇因于数字化毒害的比例越来越大,这不能不令人担忧。然而,许多家

* 本文是"关注网络文明,保护青少年健康成长"一文的修改稿。

长至今对此熟视无睹、麻木不仁，不知危险随时可能降临在自己的头上；而有些主管部门也对此莫衷一是、束手无策，面对孩子们受害而不作为。本书在这方面为全社会敲起了警钟。

《报告》一书详细地介绍了互联网对社会尤其是对青少年带来的负面影响，揭示了互联网危害青少年的数字化渠道，告知了家长、学校、社会、政府应当掌握的技术手段、管理措施、法律法规等，并介绍了世界上主要网络大国的管理经验。实际上提出了防范对青少年数字化侵害的对策方法，告诉人们如何在网络世界里趋利避害，保护好孩子的身心健康。因此它既是一份警示网络社会危害的报告，又是一部为青少年、家长、学校及有关部门正确使用网络，对网络进行有效管理的参考书。

互联网虽给人类特别是青少年带来危害，但其本身并无罪过，正像作者在书中指出的："网络侵害的真正凶手不是因特网，也不是任何一项新技术，而是深深植根于人性深处的丑陋的劣根性，是人类自身。"本书也告诉人们，任何一项新技术、新发明都曾被犯罪分子利用，但更多的是为人类的正当事业服务，并推进了人类社会的进步。因特网也不例外，虽然已经发现它有不少负面影响，但作为信息高速公路的重要载体，它为现代社会提供了强大的技术手段，极大地促进了科技、文化、教育、社会、经济的发展，乃至极大地推动了世界经济一体化的进程。因此，我们对互联网应该正确对待，既要认清并坚决消除其负面影响，主动积极地趋利避害，又要加强网络技术教育，大力推进网络技术的发展。

网络文明关乎社会文明。随着互联网时代的到来，社会文明无时无刻地反映在互联网上，因此，营造网络文明，是现时代摆在全社会面前的一个极其重要的课题。本书从保护青少年免受数字化侵害的角度，警示我们要关注网络文明，并为网络文明的营造出谋划策，这无论对青少年的健康成长还是对社会文明的进步，都有着十分重要的意义。

原载 2000 年 8 月 20 日《中国社会科学院院报》

镜头里的大千世界[*]

　　摆在大家面前的《透过镜头：美国〈国家地理〉最伟大摄影作品集》一书，是美国国家地理学会在《国家地理》杂志创刊 115 周年之际，在全球以 20 种文字的不同文本同时推出的一部大型精美出版物。

　　《国家地理》杂志是美国国家地理学会主办的，集摄影、地理与旅游知识于一身的全世界著名的专业杂志。它在"整个世界的一切都是我们探索的主题"宗旨之下，以"人性化的地理学"之理念，以"融科学与知识、新闻与艺术为一体"的风格，在一瞬与永恒之间，描绘大千世界多姿多彩、生动真实的景象，表达摄影师们对它的理解和感受。百余年来，发表了大量艺术性与欣赏性俱佳的摄影作品，始终引领着自然摄影、文化摄影和动物摄影的潮流。

　　《透过镜头》一书是国家地理学会迄今为止推出的内容最为广泛、也是最为重要的一本出版物。它荟萃了《国家地理》杂志从百余年间所积累的上千万张图片中反复筛选出的 250 幅精美画面，展现了 110 位杰出摄影师的作品，这些作品皆系引领潮流之作，是精品中的精品，内容涉及天文地理、社会人文的

---

　　* 本文是在《透过镜头》一书首发式上致辞的主要内容。

方方面面，包罗万象。而且多数图片未曾发表，尤其是一些水下摄影和太空摄影，系《国家地理》所独有，弥足珍贵。这些精妙的作品，无不体现作者眼光的独到之处，幅幅具有无穷的魅力，留给人无尽的遐想。透过镜头，你可以感受到历史在眼前沉淀，精神在这里定格。那一个个字符和一张张画面，表现着对假、恶、丑的摒弃，对真、善、美的追求，使人的心灵受到陶冶，胸襟得以开化。因此，这部书确实堪称《国家地理》115 年来"最伟大摄影作品集"。

《透过镜头》一书中文版的推出，是我社和《时尚》杂志社联手与美国国家地理学会开展版权合作的一项重要成果。对我们了解和研究世界各国的人文地理，对我们学习和研究国外的先进摄影艺术，乃至对我们学习借鉴国外先进的印刷技术，都有十分重要的意义。因此，我们特意以隆重的形式将这部书推荐给中国广大读者。

2003 年 12 月 16 日

国产销售学理论走向国际[*]

2002 年 10 月，中国社会科学出版社出版了一本关于销售与销售管理的专著——《这个叫销售的东西究竟是什么?》，该书的作者是绳鹏先生。这本书出版后，引起了销售学界特别是企业界的广泛关注，这在同类书中还是不多见的。

众所周知，专门针对销售的研究在我国刚刚开始，即使在管理学比较发达的西方，这方面的研究也很薄弱。改革开放以来，特别是近年来，出版了一些关于销售学的专著和教材，但内容大多是引进国外的，而且理论与实际"两张皮"，缺乏应用性特别是可操作性。出现这种情况，既有我国市场经济发展历史短暂、管理经验不足的问题，也有我们的学者与实际工作脱节的问题：科研人员不从事销售活动，销售人员不懂得科研，理论与实际不能得到很好的结合。绳鹏先生《这个叫销售的东西究竟是什么?》一书的出版，打破了这种现象，并且站到了销售学理论的前沿。绳鹏先生之所以有这样的成果面世，与他的个人经历关系极大。

绳鹏先生原为中国科学院研究人员，80 年代公派英国留学，

* 本文是在"《销售行为学》一书出版座谈会暨销售行为学学术研讨会"上发言的主要内容。

获 MBA 学位，是我国最早派往国外学习 MBA 的留学生之一。毕业后，先后在壳牌、通用等数家国际著名跨国公司工作，担任销售总监多年，熟悉这些著名跨国公司的销售业务，了解国外销售理论的发展情况。作者从自身的销售经验出发，对国外销售理论进行了系统研究，并总结了国外跨国公司的销售经验，形成了自己的销售理论。可以说，这项理论成果凝结了作者多年的经验与学养，是他长期深入实践、理论结合实际的成果。

鉴于企业界对这部书的高度重视，我社认为有必要将其改编成教材，以培养社会急需的销售和销售管理人才。为此，我社邀请清华大学经济管理学院牵头，联合上海交通大学、浙江大学、深圳大学、哈尔滨工业大学等十一家大学的专家学者，经过一年多的艰苦努力，终于改编成了今天摆在大家面前的这部《销售行为学》。可以说，这是一部由我国销售学界精英共同打造的 MBA、EMBA 专业教材。在这部教材出版之际，我谨代表中国社会科学出版社，对清华大学经济管理学院及其他十所大学的专家学者表示诚挚的谢意！

这部教材不同于其他同类教材的地方在于，它是一部中国人拥有独立知识产权的国产的经济管理类教材。具有如下特点：

（一）这是一项综合运用多学科成果（如管理学、决策学、经济学、认知心理学、格式塔心理学、个体和群体行为科学、语言学、系统科学、控制论等），系统总结销售和采购过程及行为的研究成果。运用学科知识之广泛，在同类书中不多见。

（二）提出了一套全新的理论体系，具有很强的学术性。本书根据客户"人"在其价值形成和交换过程中带有"逐利性"的认知、心理和行为规律，销售和销售管理过程中那些应该关注的要素、知识点及其相互之间的逻辑关系，构建销售行为学的"认知框架"和理论体系，具体有效地提出和回答了销售处于什么阶段，能在哪个阶段上销售，应该具体做什么，如何做，做的效果如何评价，出现问题如何调整和改进，有哪些销售机会，它们的状态如何，这些不同状态的机会对完成现在和未来的销售任务都具体地意味着什么等这样一些重要问题。这是以往同类书从未有过的全新的理论体系，具有很强的学术性，它完全是中国学者自己的创新。

（三）强化了应用性和可操作性。销售行为学是一门应用性极强的学科，应用性和可操作性是这门学科对研究成果的本质要求。但以往的同类书在这方面明显不能满足读者特别是实际工作者的需要，越是技术性强的地方，往往越难于说清，更难于操作。本书将销售作为一项工程看待，将整个销售过程加以工程化分解，使人们可以对销售过程清晰地控制、把握和测量，从而大大强化了销售行为学的应用性和可操作性。正是由于这个特点，作者将这项成果进一步开发成电脑软件，为销售人员自我控制和检测，为管理人员检查工作提供了极大的方便。

（四）打入了国际。销售学是舶来品，在中国的历史很短，中国人在其中的建树不多。这部书的出版，可以说在销售学研究中有了中国人自己的理论创新。加拿大瑞尔森大学商学院教授艾泽日博士高度评价这项理论，认为"它是有逻辑的、数学的、有意义的，就像是牛顿公式"，并且将这一理论翻译引入美国和加拿大出版。可以说，这是第一部被国外翻译出版的国产销售学类图书。

可以预见，随着我国市场经济的进一步发展，将会有大批中国经济管理专家涌现出来，他们将根据中国的实际，创造出有中国特色的经济管理理论。

原载 2005 年 4 月 24 日《商战名家网》

骄人的业绩，优良的传统

——纪念社科出版社建社 25 周年

中国社会科学出版社是 1978 年 6 月 14 日建社的。沐浴改革开放的春风，它已走过了 25 个年头。

25 年来，在六任领导班子和四百多名员工前后相继的共同奋斗下，八万元起家的社科出版社取得了骄人的业绩，为社会主义精神文明建设做出了突出的贡献。建社至今，已出版图书 4458 种，其中，省市和国家重点课题有近 500 种。获国家图书奖 4 种，中国图书奖 4 种，其他全国性奖 25 种，省部级奖 51 种。先后与国外和港台地区 50 余家出版社建立了版权贸易关系，共翻译出版海外图书 700 余种，售出版权的书 105 种。现在，社科出版社已形成年出书 450 种（其中新书近 400 种）的生产能力，年造货码洋 1.5 亿元，发行实洋 7000 多万元，年收入 3500 多万元。作为一个以出版学术图书为主的出版社来说，能达到这样的经营业绩，实属不易了。由于社科出版社在全国出版界的突出表现，1983 年第一批被中宣部和新闻出版署评为全国优秀出版社。现在社科出版社已成为享誉中外的名社。据权威部门 2000 年统计，本社出版的学术著作在当年社科学术论文中被引用次数，居全国出版社第四位，仅次于人民出版社、商务印书馆和中华书局。这足以说明社科出版社在理论界、学术界的地位和影响。

社科出版社在 25 年的奋斗历程中，积累了不少宝贵的经验，形成了自己的一套优良传统。这套优良传统主要表现为以下几点：

第一，一贯坚持正确导向。社科出版社职工是有很高思想觉悟的出版人，他们有大局意识，始终自觉地与党中央保持一致，把自己的工作岗位当成马克思主义的宣传阵地，把自己的出版物视为党和人民的喉舌，以宣传科学理论、传播先进文化、塑造美好心灵、弘扬社会正气为宗旨，坚决抵制违反马克思主义、违背科学、有损社会主义事业和人民利益、有伤风化的图书。25 年来，社科出版社出版的图书，内容都是健康向上的，没有一本坏书，也没有一本格调低下的书。正因为如此，社科出版社得到了宣传出版领导部门和广大读者的高度信任。

第二，编校工作一贯严谨，精品意识越来越强。社科出版社对图书的编校质量一贯是高度重视的，历届领导班子对此都有严格的要求，建立了严密的规章制度，采取了一整套管理措施。众多编校人员相互熏陶，养成了对作者、读者高度负责的精神和严谨的工作作风，对书稿内容和文字质量严格把关，一丝不苟，从而保证了本社出版的图书成为读者信得过的产品。严谨的工作作风源于精品意识，社科出版社员工一贯高度重视打造精品，务求向人民群众提供最好的精神食粮。25 年来，出版了大批精品图书，深受广大读者的欢迎。正因为如此，出版社品牌地位不断提升。

第三，高扬学术旗帜，把出版社会科学学术著作作为自己的主要职责。社科出版社是以出版学术著作起家的，为学术服务,坚持并领先学术出版,是社科出版社员工的共同理念。尽管在市场经济条件下,学术图书出版因为经济效益差而越来越困难,但我们不改初衷,至今每年出版的学术著作仍占60%以上。咬定学术不放松,出于对学术重要性的认识和弘扬学术文化的责任感;也出于这样的共识:离开学术,就没有社科出版社的名牌地位。由于坚持学术著作的出版,社科出版社受到广大学者的特殊关爱,高水平作品源源而来。

第四,忠实贯彻"双百"方针,百家之言兼容并包。社科出版社编辑人员崇尚科学,反对迷信,他们坚信,要发展社会科学,寻求真理,必须坚持"百花齐放,百家争鸣",允许各种不同的学术观点发表。社科出版社出版图书,可以说是百家之言兼容并包,从不囿于舆论一律,不以权威论是非。凡言之成理、持之有故、见解独到的作品,都可出版。由于忠实贯彻"双百"方针,社科出版社出版了许多敢讲真话、有真知灼见的作品。比如,在伪气功、法轮功利用有关部门的"三不"政策,大肆鼓噪之时,社科出版社在全国最先出版了批判伪气功、法轮功的学术著作,为捍卫科学尽了一份职责。

第五,思想开放,与时俱进。社科出版社的编辑人员胸襟开阔,放眼世界,悉心体察时代脉搏,自觉地顺应时代潮流,与时俱进。在编辑工作中,他们不拘泥于旧的传统,敢于突破"左"的观念束缚,善于发现并乐于扶植新生事物、进步思想,不断出版新锐之作。在改革开放的每个重要关头、每个重大的理论和实践问题上,都有从社科出版社图书中发出的新声音。一大批本国的和翻译的图书散发着时代气息,使人耳目一新,有的甚至振聋发聩。正是这种开放的胸怀和与时俱进的品格,使社科出版社赢得了社会各界的敬重。

以上这几方面的优良传统,铸就了社科出版社的特色,规范着每一位"社科人"的言行，成为一股无形的力量，推动着社科出版社不断前进。"社科人"将长久地继承和发扬这些优良传统。

25年来社科出版社的成绩是有目共睹的，但与党的要求和许多兄弟出版社相比，还有很大差距，没有任何理由骄傲自满。在市场经济条件下，面对自负盈亏和激烈竞争的局面，以出版学术著作见长的社科出版社遇到了前所未有的挑战。怎样在保持良好社会效益的同时，取得较好的经济效益，这是必须解决的严峻课题。近几年来，社科出版社认真探索并初步形成了新形势下的办社思路，按市场取向着手进行了一些改革并取得了初步成效，经济效益有明显的提高。党的十六大召开以后，又按全面建设小康社会的目标和"大力发展文化产业"的要求，重新规划了未来的发展。现在，社科出版社正在向着社会效益与经济效益并重、双赢的目标探索前进。

原载2003年6月24日《中国社会科学院院报》

批驳"对伪书《没有任何借口》的辩解"*

　　某出版社出版的《没有任何借口》（以下简称《借口》）一书假冒引进版的真相被中国社会科学出版社披露以后，其责任人李某和常某急忙代表该社借助报端进行辩解。他们的辩解很荒唐，是在明目张胆地袒护不法书商，继续蒙蔽视听，欺骗广大读者，反映了出版界的诚信危机依然存在，我们不能不加以批驳。

　　（一）《借口》一书明明是违规的假冒引进版图书，李某却辩解说"《借口》一书并没有违规，更不是假冒"，"我们从没说过它是引进版图书"。李先生以为，不承认该书是引进版，就谈不到它是假冒引进版了。但我们要问：既然它不是引进的国外原版书的中文译本，你们为什么要在封面上标出英文书名《NO EXCUSE》、外国作者"［美］费拉尔·凯普（Ferrar Cape）著"呢？而且，这本书的封底还白纸黑字地印有"《纽约时报》书评"，称"《没有任何借口》被誉为最完美的企业员工培训读本"，这不是明明在告诉读者该书在国外已经出版并且得到《纽约时报》的夸赞了吗？李先生不承认《借口》是引进版图书，言外之意它是国产新版书，但是，你第1版第1次印

---

　　* 本文是在"打击伪书新闻发布会"上发言的主要内容。

刷的国产新书印上了美国《纽约时报》对该书的书评就不好解释了，难道新书还没有出版就有了书评？难道美国《纽约时报》在中国的一本新书尚未出版时就对它发表了书评？这岂不太荒唐可笑了吗？显然，李先生不承认《借口》是引进版就会陷入自相矛盾。但它的确不是引进版，而是假冒的引进版。其假冒手段着实能够欺骗人，不熟悉出版规定的人看了封面，谁都不会感到它是原装国产书，而是引进外版书。然而它骗不了内行人。书界的人很清楚，国外的畅销书在国内很好卖，特别是励志类、管理类图书，引进后大多都能登上销售排行榜。正因为如此，一些不法书商对伪造引进版图书趋之若鹜，一旦发现国外某种图书畅销，就搬用或仿冒该书的书名，借用原书大意，突击编造一本国产品，包装成引进版的样子，利用读者对外国畅销书感兴趣的心理，以假乱真，大量推销，从而赚取不义之财。《借口》的性质就是如此，难道李先生心里真的不明白吗？

（二）李某不承认《借口》一书是引进版，从这一点说还算诚实，因为他的话没有违反事实，但在回答我们的一个诘问时就不诚实了。按照新闻出版总署的规定，引进版图书必须在版权页上注明版权贸易合同登记号，《借口》一书既然包装成引进版，就应该注明版权贸易合同登记号，我们问：为什么没有注明版权贸易合同登记号？他是这样回答的："该书为作者费拉尔·凯普与编译者共同原创，没有原文翻译国外的著作，所以也就不可能有版权合同登记号。"此话是在公然撒谎。据《没有任何借口》原版书的出版者约翰·威利出版公司通过美国出版商协会调查，根本没有这位费拉尔·凯普著书的任何资料，所谓"费拉尔·凯普"作者其人，纯属假造的。李先生的瞎话本身编得也不合逻辑。既然"该书是作者费拉尔·凯普与编译者共同原创",那么书上的著作权人为什么要署"费拉尔·凯普著、金雨编译",而不署二人"合著"呢？署"合著"才表明是"共同原创"，一个是"著"，一个是"编译"，显然前者是原创，后者不是原创，怎么能说是"共同原创"呢？其实李先生心里明白，这种署名方式显然是在打马虎眼，署一个外国人"著"，又署一个中国人（或华人）"编译"，可以造成"引进版"的假象。难道不是这样吗？

（三）当社科出版社披露《借口》一书作者是假的，在美国查不到其著书的任何资料后，李某又辩解说："美方作者无法查到，是因为美方作者使用的是笔名。"且不说这又是李先生在编瞎话，即使真的是笔名，难道使用笔名就无法查到了吗？你们在书上不是印有详细的包括作者供职单位的"作者简介"吗？如果这都是真的，怎么可能查不到呢？其实李先生很清楚，作者无法查到是因为其署名纯系假造的，别人根本查不到，他们原本就不想让人查到。

（四）《借口》一书在封底上刊登了一段"《纽约时报》的书评"，称"《没有任何借口》被誉为最完美的企业员工培训读本。它应当像员工手册一样，分发给企业的每一位员工"。这段所谓《纽约时报》的书评，经在《纽约时报》网站上查询，也纯系子虚乌有。当它被社科出版社披露后，李某对这种无法赖掉的造假行为仍然厚着脸皮加以辩解。他说："这是出版界惯用的吸引读者的方式。"且不说出版界是否惯用这种欺骗方式（据笔者所知，这只是不法书商惯用的方式），即使是惯用，你堂堂××出版社就应该效法吗？如此作为，出版人的职业道德何在？诚信何在？

（五）据《南方都市报》2004 年 9 月 25 日消息，《借口》的责任编辑常某告诉记者，"读者欢迎、市场欢迎的书就是好书"，她建议记者"没有必要去追究其他方面的东西"。言外之意，他们的《借口》一书受"读者欢迎、市场欢迎"，就是好书，至于是不是假冒引进版，不必去追究。想必这也是李先生的出版理念。且不说《借口》一书宣扬错误理念，完全曲解了美国游骑兵的"没有任何借口"的著名行为准则，谈不到是好书；单就"读者欢迎、市场欢迎的书就是好书"这句话本身而言，它也是片面的。难道受"读者欢迎、市场欢迎"的导向错误的图书还少吗？

（六）李某以其《借口》一书出在社科出版社正版《没有任何借口》之前为由，振振有词地指责社科出版社"倒打一耙"，"恶人先告状"。似乎他们的假书出在正版书之前就不侵权了，就有理了。其实，不法书商钻空子恰恰经常采用这种手段。他们发现国外某种图书在亚马逊书店网站和 GOOGLE 搜索引擎上被列入畅销书排行榜，就立即盗用或仿冒该书书名，攒一本假书，抢先出版，占领市场。而正版书的出版要经过贸易谈判、签订合同、找人翻译、编辑加工等一系列环节，往往有个漫长的过程。社科版的《没有任何借口》正是如此。难道李先生真的不知道你们的书出在社科版之前的奥秘吗？

从某出版社《借口》一书的造假和李某为其造假行为无理辩解的事实来看，当前出版界确实存在着诚信缺失问题，出版人如果都像李先生这样不守诚信，中国的出版业就没有希望了。我们奉劝李先生及其造假者扪心自问一番。

2004 年 11 月

五年拼搏，创造业绩[*]

社科出版社新一届领导班子1999年上任后，制定了新的五年事业发展规划，即"十五"（2001—2005）规划。五年来全社职工在新领导班子带领下，以繁荣发展哲学社会科学、繁荣发展出版事业为己任，大胆改革，勇于创新，奋力拼搏，基本上完成了"十五"事业发展规划确定的目标，出版社完全摆脱了1996年社科院撤销出版补贴以后的困难局面，走上了良性循环的轨道，各方面工作都有显著进展。

一 坚持正确的政治方向，加强 职工队伍思想建设

在过去的五年中，社领导班子始终把学习马克思主义理论，学习和贯彻党和国家关于新闻出版事业的各项方针政策，努力提高职工的政治思想水平，坚持正确的政治方向放在首位。先后在社领导班子、中层干部及全体职工中，开展了"三讲"教

　＊ 本文是2005年8月提交给社科院的"关于社科出版社十五规划实施情况总结"的修改稿,本修改稿根据社科出版社2005年工作总结主要对一些数据作了修改,题目也做了变动。

育活动，深入学习了江泽民"三个代表"重要思想，学习了党的"十六大"精神，特别是关于文化体制改革和大力发展文化产业的指示精神。结合以上学习教育活动和深入细致的思想政治工作，使职工在坚定社会主义信念、把握正确的政治方向和舆论导向、提高政治鉴别力、用马克思主义的立场观点方法分析和解决问题的能力等方面，均有显著提高，精神面貌焕然一新。与此同时，还加强了本社党的组织机构建设，完成了机关党委换届选举，使新一届机关党委更加知识化、年轻化，在业务骨干中发展了新党员，使党组织的战斗堡垒作用得到了更充分的发挥，为新的五年事业发展规划目标的实现提供了组织保证。

二　推进出版改革，建设适应社会主义市场经济的体制、机制

2001—2005 年，正值举国上下学习贯彻党的"十五大"和"十六大"精神的几年，"十五大"提出要"深化文化体制改革"、"对新闻出版业要加强管理"，"十六大"提出要"继续深化文化体制改革"，"深化文化企事业单位内部改革，逐步建立有利于调动文化工作者积极性，推动文化创新，多出精品、多出人才的文化管理体制和运行机制"。这些精神有力地推动和指导了出版社的改革。

这几年，社领导班子积极贯彻党的"十五大"和"十六大"关于改革的精神，针对出版社从过去计划经济体制沿袭下来的旧的体制和机制，并依据当前面临的新的形势和挑战，大胆地推进了改革。首先，在三项制度方面推行了一些改革措施，

本着"精简、效能"的原则，按需设岗，以岗聘人。率先在编辑部门实施策划编辑制，调整收入分配方案，加大向优秀人才和工作骨干的倾斜力度。其次，进一步完善编、印、发各生产部门的岗位目标管理责任制，出台了一系列规范性文件，使机制趋活，管理加强。其三，在发行部门，加强调研，进行机构调整、人员整合，实行二级核算及全员聘用制，为最终公司化转制奠定基础。其四，提出立足"大社科"观念，"坚持品牌特色、拓展市场空间"的方针和"传播学术经典，关注大众阅读"的口号，调整了出书结构，拓展了选题范围，增加了各类学科大众读物选题品种，改变了过去学术著作比例过高，品种单一的局面。

改革后的出版社，出书范围大大拓宽，机构设置更加科学，人员使用更加有效，收入分配更加合理，职工的工作积极性大大提高。实践表明，社科出版社的体制、机制向适应社会主义市场经济的方向迈出了重要一步，并在逐步完善过程中发挥越来越重要的作用。

三　图书经营取得显著成绩

（一）图书品种快速增加

从 2001 年到 2005 年，出版社每年的图书品种快速递增。2001 年生产图书 313 种，到 2005 年生产图书达 543 种，2005 年比 2001 年增加了 73.5%。

（二）经济效益显著提高

2001 年全年发行总码洋 7500 万元，图书经营收入（发行回款和出版补贴合计）3905 万元，实现利税 213 万元。到 2005 年，全年发行码洋达 9826.69 万元，收入 4316.93 万元，实现利税 532 万元。以上三项，2005 年比 2001 年分别增长了 31%、10.5%、250%。从 2001 年到 2005 年，累计上缴国家税收上千万元。2005 年底，尚有应收款（实洋）5000 多万元。图书经营基本实现了五年规划的目标。

（三）版权贸易有较大发展

五年间，随着出书品种增多，版权贸易也有显著发展。五年中引进版权图书数百种，输出版权图书也有数十种，输出与输入之比，即贸易逆差为 4∶1，这一比例远远低于国内出版社平均 20∶1 的逆差比，并实现数十万元的版权贸易收入。

四 出版大量重点图书、精品图书

1. 完成了大部分"十五"国家重点图书出版任务

完成国家"十五"重点图书出版项目有：《中国历史地名大辞典》（上、下卷），《中国社会科学院学者文选》（47 卷），《中国法制史考证》（前 3 编），《中国考古学》（前 3 卷），《西方美学史》（前 2 卷）。其中《中国历史地名大辞典》受到中央领导的好评，温家宝总理亲笔回信赞扬。"十五"期间本社承担的国家重点图书出版任务可以说大部分完成，《世界文明史》没有出版，《中国考古学》和《西方美学史》没有出齐，都是由于作者的原因。

2. 精品及获奖图书数量超过以往

除"十五"国家重点图书外，还出版了其他一大批高品位、有影响的学术著作和大众读物。如受到中宣部表彰的《世界文明大系》（12 卷），《简明国际百科全书》（4 卷），《甲骨文合集释文》（7 卷），《中国宗教与文化》（4 卷），《山海经注证》（1 卷），《摩诃婆罗多》（6 卷），《中国经学思想史》（前 2 卷），《中国少数民族革命史》（1 卷），与美国著名地理杂志合作的《透过镜头》，《西学基本经典》（英文版 100 种），《西方现代思想丛书》（15 种），《知识分子图书馆》（32 种），《克罗齐史学名著译丛》（5 种），《论民主》，《中国官僚资本研究》，《马克思主义党的纲领中国化研究》，《人生三书（唐君毅著作选)》，《正义论》，《20 世纪百项考古大发现》，《毛泽东的艰难决策》，《百年中国电影精选》（8 卷），《晚清映像》，等等。

五年间也有大批图书获得国家及地方政府的各种奖项，如获得国家图书奖荣誉奖的《当代中国丛书》，获得中国图书奖的《中国道教史》，以及获得省部级优秀图书奖的图书，总计达 80 余种。获奖图书的数量超过本社前 22 年的总和。

五　信息化建设步伐加快，工作条件大有改善，职工收入和福利多有增加

为适应全球信息化发展的新形势，增强出版社的竞争能力，"十五"期间加快了社内信息化建设步伐。在硬件方面，加大了固定资产投资力度，五年间购置电脑近百台，基本做到了重要岗位人手一机。在软件上，启用了较为成熟的云茵出版管理系统软件，实现了全社联网办公，使生产流程的数字化管理初步到位。

开办了社科网站，建立了网上图书直销平台，搭建起出版社与作者、读者沟通的数字化桥梁。

为改善办公条件，重新装修了办公用房，购置、更新了生产运输工具、租用了面积加大的新图书库房等。

以上措施，五年间累计投入资金 500 多万元。

五年来，全社职工年均工资性收入增幅超过 20%。职工的福利也年年有所增加，每年组织职工体检和外出度假休息，提供免费早餐，增加节日补贴（包括离退休职工），还开展了丰富多彩的职工业余文体活动。

原稿成于 2005 年 8 月，本修改稿成于 2011 年 6 月

1999—2005 年社科出版社学术著作出版回眸

　　1999 年至 2005 年，我在中国社会科学出版社（以下简称社科出版社）主持工作，亲眼见证了这几年社会科学学术著作出版的盛况。社科出版社是我国社会科学学术著作出版的重镇，有关部门曾统计过，其出版的学术著作被引用次数排在全国出版社第四位，它的学术著作出版情况在某种程度上能够折射出我国社会科学发展的基本面貌。

　　1999 年至 2005 年，正是世纪之交的几载，我国正迈入加快推进社会主义现代化，全面建设小康社会的新的发展阶段。这几年举国上下深入贯彻党的十五大和十六大精神，认真学习邓小平理论和"三个代表"重要思想，"与时俱进"、"大胆创新"成为普遍的、深入人心的观念。改革开放和全面建设小康社会的伟大实践给社会科学提出了许多新的课题，思想的解放和参与新的伟大实践的热情，极大地激发了人民群众特别是科研人员的文化创造活力，这给社会科学的发展提供了难得的机遇和条件。因此这一时期的中国社会科学事业取得了前所未有的成就，表现在社科学术著作的出版上，是一派欣欣向荣的景象。回顾社科出版社此一时期的学术出版，在以下四个方面颇有感受。

一　学术著作品种逐年增加，贴近实际的选题越来越多

1999 年至 2005 年，社科出版社共出版新书 2796 种，其中学术著作有 2380 种左右，数量超过本社前 15 年的总和。学术著作出版品种呈显著增长趋势。1999 年出版约 210 种，到 2005 年达到 400 种左右。学术著作的课题几乎涵盖了马克思主义、哲学、逻辑学、宗教学、心理学、经济学、管理学、语言学、中国文学、外国文学、艺术学、历史学、考古学、政治学、法学、社会学、民族学、教育学、新闻与传播学、国际问题等所有社会科学重要学科。一个值得提及的现象是，出版的学术著作绝大部分都有补贴，并且补贴标准渐有提高。到了 2004 年、2005 年，我社出版补贴标准达到：在一种书最少不低于 2.5 万元的前提下，每 10 万字至少补贴 1.2 万元。这些补贴费来源于研究机构拨给的课题经费和政府有关部门设立的社科出版基金。由于学术著作一般发行量小，过去没有出版补贴，出版学术著作一般是亏本的，因此造成学术著作出版难的状况。从 20 世纪 90 年代初开始，各省市和中央政府相继设立了社科学术著作出版基金，各科研院所的课题经费也逐步提高，且允许一部分用于出版补贴，这样就调动了科研人员和出版社的积极性，使学术著作出版难的状况逐步得以解决。我社这一时期学术著作出版品种的增长直接得益于此，这反映了党和国家对社会科学越发重视。

这一时期本社出版的学术著作，给人印象最深的是，贴近实际的选题越来越多，这突出地表现在经济、政治、法律、社

会等学科领域。到 2005 年这类选题品种达到 60% 以上。例如出版有：《中国经济现代化问题研究》《中国发展问题报告》《核心竞争力与未来中国》《中国财政政策研究》《中国经济改革二十年货币和信用周期考察》《中国转型期国债的金融分析》《港币—人民币一体化：意义、条件、前景》《市场化与反贫困路径选择》《城市化发展中的土地制度研究》《消费文化——从现代到后现代》《中国农业现代化路径选择分析》《中国农村微观经济组织变迁研究》《中国式管理——具有华人特色的管理学》《销售行为学》《生产物流管理》《消费物流管理》《政府评价论》《政府治理论》《府际关系论》《中国公开选拔领导干部制度研究》《健全干部选拔任用制问题研究》《直接选举：制度与过程》《间接选举》《数据选举——人大代表选举统计研究》《中国基层民主政治建设发展报告》《乡镇改革——乡镇选举、体制创新与乡镇治理研究》《村民自治通论》《苏联剧变深层次原因探究》《中国刑法解释》《科技革命与中国社会转型》《村庄的再造——一个"超级村庄"的社会变迁》《中国婚姻质量研究》《从济贫到社会保险》《保险代理理论与实务》《世纪之交的城乡家庭》《转型社会中的中国妇女》《走向绿色文明》，等等。以上这类图书课题，在过去是比较少的，有些课题即使有人研究也很难登上学术殿堂，然而现在却成了主流课题，被学术界高度重视。这一方面反映了实践的深化向社会科学提出的课题越来越丰富和具体，另一方面也表明了我国社会科学研究更加自觉地贴近实际，求真务实的风气越来越浓厚，理论与实际结合的深度和广度大大拓展。

二　大型项目成果显著

在此时期，社科出版社承接出版了若干大型项目图书，其成果十分引人注目。这些图书主要有：《中国历史地名大辞典》上下两卷，《中国法制史考证》甲乙丙编15卷，《甲骨文合集释文》和《甲骨文合集释文材料来源表》，《世界文明大系》12部，"简明国际百科全书"首批4卷，中译本《摩柯婆罗多》6卷和《摩诃婆罗多导读》，《两希文明哲学经典译丛》首批7卷，《中国社会科学院学者文选》60部，《社会学文库》9部等。这些大型图书工程都是国家或社科院的重点项目，投入了大量资金，组织了众多各有关课题领域的知名学者参加撰写，大多耗时多年才完成或大部分完成的。其出版成果均享誉国内外学术界，后来都荣获大奖。

由史为乐主编的《中国历史地名大辞典》有全国30多位专家参与编写，历时20余载，八易其稿。全书共收入7万余词条，凡700余万字，是目前国内规模最大、解释最详尽的历史地名工具书，曾受到温家宝总理的亲笔回信赞扬，后荣获国家最高出版奖项——中国出版政府奖。由杨一凡主持的《中国法制史考证》，有内地数十名专家、教授参加了撰写，海内外上百名在法史研究领域有重要学术建树的学者（其中我国台湾省学者19人，日本学者41人）提供了代表性论文。该套书是近百年来海内外学者包括法学、历史学、考古学、民族学、社会学等各学界的专家学者考证中国法制史学术精华的汇集，其学术价值有对史籍记载错误和前人不确之论的厘正，有对历史疑义和争论问题的考辨，有对稀见法律史料及其版本的考释等，代表了当代法史研究的最高水平。由汝信主编的《世界文明大系》，是社科院专门成立的由汝信牵头的世界文明研究课题组和后来以此为基础成立的"世界文明比较研究中心"，组织院内外40余位中国专家历时近10年研究的成果。它的研究涵括了世界各大文明，第一次系统地、全面地审视和评述了世界每个文明的起源、发展、演变和现状。针对西方学术界的"西方中心论"和"文明冲突论"等错误观点，表达了中国学人自己的马克思主义的科学世界文明观。可见这套书也具有极高的学术价值。由黄宝生主持翻译的《摩诃婆罗多》一书，是古印度两大著名梵文史诗之一《摩诃婆罗多》的中文译本，共六卷计400余万字。梵文《摩诃婆罗多》是古代世界罕见的"百科全书式"的巨型史诗，是印度古代文化的集大成之作，具有庞大百科资料库的利用价值。它的翻译，由中国梵文学界八位专家学者先后参与穷十几年之力才告完成。此中文译本的出版，对我们利用这个宝贵的资料库，分门别类研究印度古代的神话传说、宗教哲学、政治制度、律法伦理、社会习俗，乃至于对印度历史和文化的总体研究，都将大有裨益。

以上这些大型项目的结硕，为我国社会科学事业作出了重要贡献，从一个侧面展现了当时我国社科学术研究的盛况，反映了国家对社会科学事业投资力度的强化和社会科学研究组织化程度的提升，也表现了广大科研人员合力攻坚的高度责任意识。其中有些著作将会在中国社会科学发展史上留有一笔。

三　学术著作奖项和获奖作品颇多

在此期间，可以看到中央和各省市政府、各科研院所、大学及地方社会科学学会乃至民间设立的基金会及其他有关单位，都纷纷设立奖项，组织社会科学成果的评奖，以资支持社会科学研究。

据不完全统计，1999年至2005年，全国设立的与社科学术著作直接有关的主要奖项有37项之多，计有：国家图书奖、中国图书奖、全国精神文明建设"五个一工程"入选作品奖、国家社会科学基金项目优秀成果奖、中国社会科学院优秀科研成果奖、全国高等学校人文社会科学研究优秀成果奖、全国党校系统优秀科研成果奖、全国优秀党建读物奖、全国优秀妇女读物暨全国妇联推荐作品奖、全国优秀青年读物奖、全国优秀外国文学图书奖、全国优秀博士学位论文奖、"全国十佳经济读物"奖、全国法学教材与科研成果奖、全国人口科学优秀成果奖、全国文博考古十佳图书奖。××省（市）精神文明建设"五个一工程"入选作品奖、××省（市）（哲学）社会科学优秀成果奖、国家教委人文社会科学研究优秀成果奖、国家民委社会科学奖、××省高等学校人文社会科学研究优秀成果奖、孙中山学术研究与文艺创作学术奖、吴玉章人文社会科学优秀成果奖、郭沫若中国历史学奖、孙冶方经济科学奖、夏鼐考古学研究成果奖、孙平化日本学学术奖励基金专著奖、中国民间文艺山花奖学术著作奖、中国妇女研究优秀成果奖专著奖、中国藏学研究珠峰奖汉文研究专著奖、世界社会主义研究中心优秀专著奖、齐鲁文学奖、引进版社科类优秀图书奖、输出版社科类优秀图书奖、"百部工程"奖、光明杯优秀图书奖、"红棉杯"优秀作品奖等。

在以上各种奖项的评选中，社科出版社从1999年至2005年所获学术类图书奖共有141种次。获奖图书均是精品佳作。

社科图书评奖活动的热烈开展以及高质量作品的拔萃受奖，

表明了我国社科学术界对科研质量的高度重视，也使我们见证了那个时期社会科学研究硕果累累的景象，真是令人欣喜。

四 海外学术著作大量引进

改革开放初期，国外和港台社科类图书的引进多是古典名著和现代经济管理类，邓小平南巡讲话之后，不但上述两类图书逐渐增多，其他类图书也大量引进。即使容易引起敏感的研究近现代哲学、宗教、历史甚至政治的图书也有不少。到了 20 世纪 90 年代中期，社科类图书的引进量已经相当可观，其中不乏敏感性学科内容的学术著作。

1999 年至 2005 年，社科出版社引进的社科学术著作（包括外文原版、译著和港台中文简体字版）几近 200 种。比较重要的有：《西学基本经典》（英文版 100 种），《两希文明哲学经典译丛》首批七卷，〔意〕《克罗齐史学名著译丛》五种，《摩诃婆罗多》六卷，香港学者唐君毅著《唐君毅著作选》八种，〔美〕成中英著《合内外之道：儒家哲学论》，〔韩〕宋荣培著《中国社会思想史》，台湾学者郭廷以著《近代中国史纲》，〔美〕杰拉尔德·赛门斯等著《图文第二次世界大战史》，〔日〕石川祯著《中国共产党成立史》，《剑桥中国史》11 卷（包括新版、再版），《新编剑桥世界近代史》首批八卷，《西方现代思想丛书》16 种（包括新版、再版），〔美〕弗朗西斯·福山著《历史的终结及最后之人》，〔美〕路易斯·哈茨著《美国的自由主义传统》，〔美〕保罗·福塞尔著《格调——社会等级与生活品位》，〔美〕杜维明著《东亚价值与多元现代性》，〔英〕约翰·格雷著《伪黎明：全球资本主义的幻象》，〔美〕罗伯特·西奥迪尼著《影响力——心理与人生》等。

上述这些引进图书绝大多数在学术界和社会上产生了广泛影响，其发行量超出了我们的预期。例如英文版百卷本《西学基本经典》《剑桥中国史》《新编剑桥世界近代史》《西方现代思想丛书》《格调》《伪黎明》《影响力》等书，发行量都达到或超过了1万套（册）。《西学基本经典》举行新书发布会时，著名学者费孝通、季羡林，人大常委会副委员长成思危，全国政协副主席罗豪才亲临会场并发言，中宣部有关负责人及专家学者等近百人出席，当晚中央电视台还在新闻联播中播放了消息。《西方现代思想丛书》举行出版座谈会时，有新闻出版总署图书司、社科院科研局有关负责人，有关专家学者，以及中央电视台、北京有线电视台、《东方时空》、《读书》杂志、《成长》杂志等媒体人员共八十余人出席。值得一提的是，引进著作中有些是阐发西方现代思想的，有些是西方或港台学者以非传统观点论述中国近现代史乃至中共党史的，这些著作在改革开放以前甚至改革开放初期是不大可能被引进出版的，而在此期间却出版了不少。海外学术著作引进范围的放宽、引进品种的增多以及销售量的不菲，表明了中国学术界的开放胸怀和渴求广泛借鉴的强烈愿望。这从又一个侧面彰显了此时期中国社会科学学术的繁荣。

2010 年 12 月 28 日

坚决制止虚假图书，营造诚信出版环境

——回忆打击伪书

2003 年 11 月至 2005 年上半年，中国出版业曾出现过一种乱象，即伪书泛滥。我所在的社科出版社因深受其害，不得不率先起而反之，没想到成了出版社中打击伪书的挑头者，与民间反伪书力量一起，在全国掀起一股反伪书风暴。

所谓伪书，是指国内一些不法书商炮制的假冒引进版中文图书或假冒国内知名作家的图书。伪书绝大多数是前者，我们所参与打击的就是这一类。这类伪书之伪在于，乍看起来酷似引进翻译的外版书，但书的内容根本不是从原版书翻译而来，而是炮制者自己杜撰的。伪书都有如下伪装：封面、书脊和版权页上署有外国作者名字和中国"编译"者名字，封面、勒口、腰封上的广告内容，是本书在国外的天量发行数字和《纽约时报》、《华尔街日报》、《金融时报》这类知名的外国媒体对本书的赞美评语。其实这全是假的，均系伪书炮制者编造的。伪书多盗用或仿冒原版书名，有的连书名都是假造的，国外根本没有其书。如此造假图书竟然堂而皇之地通过出版社正规出版，在国内图书市场大行其道。

　　伪书绝大多数是仿冒的西方管理类畅销书,有少部分是励志及心理自助类。其所以能够泛滥,主要原因有三:一是因为当时西方的管理文化在国内被视为"新学",这类图书在中国市场颇有需求;二是因为出版管理缺位,法律法规对上述这种既不是照搬侵权、也不是非法出版、又不涉及查禁内容的造假行为尚无明确的规制;三是因为伪书没有版税和版权贸易谈判过程,比正版引进书成本低,出书快,能抢先占领市场。正是以上原因给不法书商提供了造假的机会和条件。

　　据统计,从 2003 年 11 月到 2005 年 2 月的一年多时间,我国图书市场上竟冒出伪书百余种,西方凡在亚马逊书店网站和 GOOGLE 搜索引擎上被列入畅销书排行榜的管理类图书,几乎尽数被伪造。凭借制作快、定价低的优势,这些伪书迅速抢先占领市场,大量发行,使同类正版引进书的出版销售陷入困境。社科出版社出高价、费大力购买版权的十几种正版书都遭到如此命运。如《培育男孩》一书发行不久,市场上就出现了《培养男子汉》、《塑造男子汉》两种伪书;《西点领导课》正在校对之中,近似书名的伪书《西点法则》就"闪亮登场"了;《没有任何借口》正在洽商版权,同名的伪书就充斥市面了,以后又有仿名的《没有任何借口Ⅱ》、《没有任何借口全集》等五种版本的伪书陆续发行,都抢在了正版书之前。

　　面对本社正版引进图书遭受如此严重的冲击,作为社长心急如焚,决心对伪书进行揭露和讨伐。当时很快组织相关人员采取了以下行动步骤:

　　首先,举办正版书《没有任何借口》新书首发式,发表声明维权。假冒引进版的伪书是从《没有任何借口》首开恶劣先例的,我们决定首先拿这本假书及炮制其出笼的某出版社"开刀"。2004年10月底，我社举办了正版书《没有任何借口——美国游骑兵精英的行为准则》新书首发式。在首发式上，我社与该书原版版权所有者美国约翰·威利出版公司联合发表声明，指出：此前由××出版社出版的《没有任何借口》以及随后冒出的类似该书名的多种版本均为违规假冒之书，严重侵犯了正版《没有任何借口》中文版的合法权益。并正告伪书出版者立即停止侵权行为，否则我们将诉诸法律。同时，我们授权律师在首发式上宣读了"律师声明"，向社会昭告了本书的版权所有者及伪书的形式，表达了我们维权的意志。此律师声明还刊于黄色书腰，随正版书一起见诸于广大读者。这次首发式将当时影响最大、也是首开恶例的伪书《没有任何借口》及其炮制者公之于众，引起了媒体的高度关注，有多家媒体在当晚或第二天即报道了消息，在社会上产生了很大反响。

第二，向有关管理机关投诉。在通过首发式公开揭露伪书之后，我和编辑路卫军同志又于同年11月中旬分别登门向北京市新闻出版局、中国消费者协会和新闻出版总署图书司递交了题为"对不法书商伪造引进版图书有关情况的反映"的投诉函，请求这几家管理机关采取措施制止图书市场的这种造假行为。

第三，在媒体上揭穿伪书骗局。新书首发式之后，我又于11月24日做客新浪网，于12月1日在《新闻出版报》和《中华读书报》上发表了题为"刹住伪造引进版图书的歪风"一文，揭露伪书的造假手段、钻的空子和严重危害。在此前后，伪书《没有任何借口》责任人李某竟多次借助报端公开为其造假行为进行辩解，他仍大言不惭地谎称他们的书不是冒充的引进版书，而是"请美国作者写的本版书"，并反诬我社"倒打一耙"、"恶人先告状"。针对此种谬论，我们又以接受多家媒体采访的形式，着重揭露伪书的违法所在和社会危害。当时对伪书的违法所在指出四点：其一，捏造外国作者，编造外国书评和发行量，用粗制滥造的内容冒充引进的国外新鲜知识和先进理念，误导广大读者，侵犯了读者的知情权，违反了《消费者权益保护法》；其二，冒充某外国出版社出版，捏造某外国媒体的书评，直接侵犯了人家的名誉权；其三，冒充引进版，又不在版权页上注明版权贸易合同登记号，违反了《出版管理条例》；其四，书的广告散布虚假不实的天量发行信息，违反了《广告法》。对伪书的危害指出三点：其一，伪书假冒引进版，对原版书的进口造成很大冲击，必然使国外出版商和著作权人对我国的知识产权保护能力产生疑问，增加他们的不信任感，从而损害了我国的形象；其二，造假的伪版书占领市场，而货真价实的正版书被排挤出局，破坏了商业竞争规则，损害了出版界的诚信形象，扰乱了图书市场秩序；其三，伪书冒充西方"新鲜知识，先进理念"而实则粗制滥造的文本，使大量读者误购阅读，遭受了精神和物质的损失。

第四，与社会力量联合行动，扩大打击伪书声势。我们深知，要刹住伪书蔓延的趋势，单靠自己孤军作战是不行的，必须联合社会力量共同行动。当时有一家民营企业——锡恩企业管理顾问有限公司，其总经理姜汝祥先生反击伪书非常积极，他早在 2004 年初就发现伪书了，后来又在人民网"强国论坛"专设"伪书曝光台"专栏，揭露伪书。我们与该公司建立了联系，参加了由其主办的于 2005 年 1 月 19 日在现代文学馆召开的"打击伪书新闻发布会"。发布会邀请了受伪书之害的中信出版社等兄弟单位和众多新闻媒体记者。我在会上代表社科出版社作了发言。锡恩公司在会场张贴了 2004 年"管理类假书龙虎榜"，将百余种伪书和 30 余家伪书出版社公布在媒体记者面前，并举行"另类图书风云榜颁奖仪式"，以超级搞笑方式向缺席"获奖者"颁发了所谓"书坛劳模奖"、"铁嘴辩手奖"、"极速跟风奖"、"超级变脸奖"，讽刺了那些最恶劣的伪书出版商。这次发布会引起了社会轰动，使打击伪书成为新闻媒体宣传的热点，从而扩大了打伪声势。会后锡恩公司将伪书及其出版者的名单上报给了新闻出版总署。

在近一年的民间打伪基础上，2005 年 2 月 24 日，新闻出版总署召开"坚决制止虚假图书，营造诚信出版环境座谈会"，令 5 家出版社领导作了检查说明，公布了对 20 余家出版社进行处罚的决定。我受邀参会并作了发言。会上，中国版协代表还宣读了"制止虚假信息，提倡诚实守信"的倡议书。至此，打击伪书的行动在全国范围内正式开展起来。

次日，《人民日报》刊载了记者唐勇从美国发回的调查报道，把影响最坏最广的两部伪书《执行力》和《没有任何借口》钉在了耻辱柱上。报道说，记者对这两本"引进版"图书进行了细致的调查采访。结果发现，《执行力》一书的英文书名、外国出版社社名以及作者哈佛商学院的"保罗·托马斯"教授根本查无此人。而《没有任何借口》除了以上内容子虚乌有以外，封底的《纽约时报》书评也是造假者凭空杜撰出来的。这篇报道最令人信服地戳穿了伪书的西洋景。

新闻出版总署的决定和《人民日报》的调查报道，给伪书定了性，使伪书开始受到查禁。此后，新闻出版总署又分别于 5 月 20 日和 7 月 25 日向社会公布了首批 19 种、第二批 49 种伪书名单，终于彻底刹住了这股文化造假歪风。

伪书被禁以后，社科出版社的几部引进版图书随即畅销起来，特别是《没有任何借口》一书不断再版，至今仍是本社的拳头产品。

2011 年 2 月 25 日

从《变化》的一缕风波谈起

2003 年 1 月 1 日，我任社长的社科出版社出版了一部时政类图书，名为《变化——1990～2002 年中国实录》，此书的出版发行曾引起一缕风波，遇到一点麻烦，事情虽已时过境迁，但仍值得回味。

当年 12 月中旬，我社一位副编审向我报告：有一个选题，是写中国 1990 年至 2002 年十三年变化的，作者是《人民日报》华东分社的一位记者，叫凌志军，书名暂时保密，稿子只拿来少许几章，试探我们社有无兴趣出版。我一听"凌志军"的名字，立即感觉到这是一部时政类畅销书，但出版会有风险。凌志军其人，我早就认识，1996 年 1 月他曾在人民出版社出过一部书，名为《历史不再徘徊：人民公社在中国的兴起和失败》，当时我在人民出版社任职，有幸终审了这部书稿。审稿时我对这位年轻作者能驾驭"人民公社兴起和失败"这一重大课题，并且妙笔生花，使人喜读，不免产生几分敬佩。该稿经作者针对我们提出的问题和中央文献研究室专家的审读意见进行修改后，成功出版，成为我国第一部评述人民公社兴败的专著，后于 1998 年获得新闻出版署颁发的第四届"优秀图书奖"选题奖二等奖。1998 年，凌志军又与马立诚合作出版了《交锋——当代中国三次思想解放实录》，引起了思想文化界的轰动。对这样一位作者的书稿，我自然十分重视，于是随即把拿来的几章交给一位有经验的老编审审阅。老编审看了后，觉得有出版基础，遂通知作者将全部书稿交来，我又全部翻阅一遍，也认为修改后可出版，即安排编辑加工。经过初审、复审之后，我又逐字逐句审读并作了不少删改。该书赶在 2003 年全国图书订货会之前出版，2 月 9 日举行新书发布会，全国"两会"之前批量发行。

该书以改革开放为主线，从若干侧面真实地记录了我国在第三代领导集体主政 13 年间的发展历程，比较全面地反映了我国在政治、经济、外交、思想文化、社会生活等诸多方面的积极变化。书中特别回顾了思想界同"左"的势力的一次次交锋，提示人们：党和共和国能够有今天，实在来之不易；要与时俱进，坚持改革开放，创新发展。书的内容健康，完全符合"为人民服务，为社会主义服务"的方针，弘扬了主旋律，可以帮助读者，尤其是年轻人，通过了解过去，更好地把握未来。该书属大型政论纪实作品，如此严肃、如此重大、如此政治性极强的课题，在我国过去只能由官方组织撰写，或者由官方认可的政治理论家著述。写作姿态往往是居高临下，板着面孔，不免歌功颂德，说空话、套话。但《变化》一书的写作全然不同于此。作者是个小人物，以一个平民记者的眼光审视和评述 13 年所见所闻，对以往许许多多有代表性的大小新闻事件平实而生动地做了描述，客观而理性地作了评析。内容不仅涉及包括国家领导人在内的大人物和影响中外的大事件，更多描述的是普通百姓关注的诸如摇滚青年崔健的出现、选美的问世、物价上涨、工人下岗以及民间文化的流行等小人物和小事情，从这些小人物、小事情的背后观照大历史，显得与群众和实际贴得很近。作者的写作态度平实无华，在其笔下，"1990—2002年中国的格外引人入胜之处，不是在于她的轰轰烈烈，而是在于她的平淡从容；不是在于她的崇尚伟大精神，而是在于她开始关注普通人的需要；不是在于她的伟人风范和英雄辈出，而是在于一代新人已经长大。对变革的期待取代了对历史的崇拜……"。该书刻意"让新闻变成历史"，让政论走进公众，同时又"让历史像散文一样美丽，让政论像小说一样动人"，这种原则和方法，可以说是关于现代史记、政论之类文章写作的一种创新。正因为上述特点，本书受到了读者的广泛欢迎，首印两万册很快销售一空。据说当时"两会"代表也争相阅读。

对这样一部书稿，本人在审读过程中鉴于此前《交锋》一书酿成的风波，曾产生一种预感：它的出版可能不会很顺利。因为一个普通作者驾驭如此重大选题，内容又涉及国家领导人、国家大政方针和其他一些重要敏感问题，这在过去几乎是没有过的，能否把握住政治分寸而不出问题，不免会引起政论家们特别是宣传主管部门的置疑。但仔细考量，我仍然坚持认为这是一部好书，会产生良好的社会效果，应当解放思想，以"变化"的眼光看待《变化》，鉴于人们的思维都在变化，相信《变化》能见容于已经发生积极变化的政治思维和管理思维。另外对文中涉及的国家领导人的内容也经过仔细斟酌，认为都是报上公开的正面新闻，不属于备案送审的范围。因此我就放胆批准出版了。但我的预感果然成真了。就在本书热销之时，2月22日上级领导来电话告知：对《变化》一书有些反映，现在出版时机不合适，不要再印了。我们不得不通知书店将该书暂时下架。过几天又得知，主管部门要求组织专家审读。

所幸的是，"两会"开完之后，社科院一位专家刘其昌先生告诉我，他奉命审读了《变化》一书，认为没有政治性问题，并送给我一份"关于《变化》一书的审读报告"。刘其昌先生的审读报告非常客观实在，他对该书给予了充分的肯定，当然也指出了几处毛病。此后主管部门对该书也没有追究，看来有关管理者也很明智，这使我心里的一块石头终于落了地。然而，在此期间，《变化》一书早已被大量盗版，连地摊上都随处可见了，这本畅销书让不法书商发了大财。

《变化》一书的出版受到查问，无可非议。作为书写国家13年变化的时政类图书，其影响事关重大，特别是一位普通作者驾驭如此重大的选题着实令人不放心，而且又有一些"反映"，因此主管部门查问一下确在情理之中，完全可以理解。本文并不看重和埋怨查问，而是要从该书的出版引起一些"反映"即否定的意见这一情事上，提醒人们思考：像《变化》这样由小人物撰写的、广受读者喜爱的时政类作品是不是应当得到认可？是不是应当受到欢迎？答案似乎是肯定的。在改革开放的今天，如果多几位像凌志军这样的草根时政作家，岂非幸事？如果多几部像《变化》这样贴近实际、贴近群众的时政类著作，岂非幸事？让政论走进公众，应当是大势所趋，而如果让政论走进公众，政论作家中就应当掺点儿像凌志军这样的平民"沙子"。可喜的是，《变化》一书到底见容于有关部门的管理思维，得到了上下的认可，作者凌志军也得以继续他的以政论纪实为主色调的创作历程。

《变化》一书出版后，当年《文汇读书周报》即把该书列为"2003年中国十大年度图书"；中国大陆发行量最大的新闻杂志《南风窗》将凌志军评为"年度人物"。这以后，凌志军又出版了《沉浮——中国经济改革备忘录》、《追随智慧——中国人在微软》、《成长——微软小子的教育》、《联想风云》等书，每一部都引起巨大反响并进入畅销书排行榜。他因此被誉为"当今中国时政作家的代表性人物","中国当代报告文学界有独特价值的一个作家","当代中国记者的标杆"。2008年，《变化》一书又被收入《凌志军文集》，由湖北人民出版社再版。

从《变化》以及凌志军一系列著作出版、畅销现象，我们足可体会到，改革开放以来我国出版界的气象发生了可喜的变化，我国思想文化界的胸襟和包容度也正在发生着可喜的变化。

2011 年 3 月

《邓小平文选》出版纪事

我在人民出版社担任副社长兼副总编辑期间，曾有幸参与《邓小平文选》的出版工作，这是本人一生中亲历亲为的最有意义的一件事，因而一直记忆犹新。

出版《邓小平文选》是党中央的重要决定，是党和国家政治生活中的一件大事。这项工作早在20世纪80年代初就开始了。1983年7月1日出版了《邓小平文选》（1975—1982），即后来的第二卷，1989年8月20日出版了《邓小平文选》（1938—1965），即后来的第一卷。第三卷是1993年11月出版的，收入了邓小平同志1982年9月至1992年2月期间的重要著作共119篇。但封面和扉页没有沿袭前两卷形式在书名之下标明"（1982—1992）"，而是直接标明"第三卷"。第三卷出版以后，前两卷又于1994年11月再版，书名之下的"（1938—1965）"和"（1975—1982）"分别改为"第一卷"和"第二卷"，与第三卷统一。

人民出版社作为党和国家政治书籍出版社，被赋予党和国家领导人著作的专有出版权，《邓小平文选》自然由人民出版社出版。社里将该书的审稿工作交给政治书籍编辑室。邓选第三卷初版和第一、二卷再版期间，我作为人民出版社副社长兼副总编辑，正好分管政治书籍编辑室，因而与邓选的出版工作结了缘。

对于出版《邓小平文选》这一党中央交办的重大政治任务，新闻出版署和人民出版社都高度重视。当先后接到出版邓选第三卷和再版前两卷的通知后，新闻出版署召开了有人民出版社和新华书店总店北京发行所、新华印刷厂、印刷物资公司等有关单位负责人参加的出版发行协调会，做动员，提要求，布置任务。人民出版社社长兼总编辑薛德震同志也亲自挂帅，召集本社政编室、总编室、出版部、发行部负责人及以上部门主管社级领导开会，做战前动员和具体部署。

邓选的出书，给出版社的期限很紧，尤其是第三卷，编辑单位中共中央文献研究室（以下简称"文献室"）于当年 9 月 15 日将稿件交齐，要求当年 11 月 1 日前就出书并在全国新华书店发行，又与《毛泽东文集》（第一、二卷）和《毛泽东年谱》（解放前部分）这两种有紧急时限要求的重要图书的出版同时进行，因而更加紧迫。为确保按期圆满完成任务，人民出版社与文献室建立起紧密配合的关系，社长薛德震和文献室主任逄先知直接联系，出版社政编室和邓小平著作组直接沟通，编稿、核稿、排校之间实行紧张的流水作业。稿子发来一批，我们就审核一批、排校一批，有什么修改意见，在文献室和我社之间随时互相通报处理。当时出版社的工作在统筹之下首先为邓选出版让路。有关人员都是加班加点甚至通宵达旦地赶任务，虽没有一点加班费也毫无怨言，那种工作精神回想起来真是令人感叹。

对邓选书稿，出版社安排了四审，责任编辑初审一遍，室主任和我各复审一遍，最后再由总编辑终审。对书稿清样同样按上述程序审核。除此以外，又加了一道对付型样的通读把关。

为此，还请了社里二位最有经验的老领导、老编辑张惠卿和吴道弘同志参与。各级编辑人员怀着高度的政治责任感，逐字逐句仔细审读，大胆提出了二十多条文字上的修改意见和建议，基本上被文献室采纳。比如对第三卷的"出版说明"，鉴于它是"窗口"，至关重要，我们曾数次集体斟酌，发现三处文字不妥而建议文献室修改，均被接受了。我们深知，《邓小平文选》事关重大，哪怕错一个字，都是重大失误，就有可能造成政治影响。因此我们都十分谨慎。即使是征订通知的文字，也是与文献室一起斟酌把关。记得当时由政编室主任王乃庄起草的第三卷征订通知，就是在征得了文献室主任修改通过后，我才签发的。

《邓小平文选》的出版是一项重大的系统工程。在出版环节，有人民社内的编辑、校对、设计、印制的协调配合，还有人民社与全国各省市人民出版社租型分印的协调配合。在发行环节，有人民社与北京发行所的协调配合，还有各省市人民出版社与当地省市新华书店的协调配合。因为像《邓小平文选》这类要在全党全国组织学习的党和国家重要文献，按照中宣部和新闻出版署的要求，必须由人民出版社向各省市人民出版社供型，在全国同步印刷、同步发行，使图书迅速铺发到全国各大城市新华书店。邓选第三卷因为要赶在党中央于 11 月 2 日召开学习报告会之前出版发行，而且印量高达 2000 万册，当时人民社和各地人民出版社都要提前备好纸张、资金，各地人民出版社为争取时间都派人直接来人民社领取普及本、平装本、精装本的付型片，回去立即组织印制发行。这些相互协调的工作都是很忙碌繁琐的，我当时都经历了。为了做好邓选第三卷在北京及周边地区的发行，我曾带领有关人员去北京发行所，与其负责人商谈三种版本的包销数量及在所属发行地区的销售分配等问题。10 下旬，我还到邓小平家乡广安借参加"全国第二次邓小平思想理论研讨会"的机会，和重庆出版社负责人一起与广安地区各县宣传部长、组织部长和书店经理商谈，推动在该地区的发行工作。在文献室、人民出版社、各地方人民出版社及有关印刷厂、新华书店的共同努力和协调配合下，《邓小平文选》先是第三卷初版发行，尔后是第一和第二卷再版发行，都如期完成任务。

　　在邓选整个出版过程中，我们都承受着极大的心理压力，可以说我每天都是提心吊胆，如坐针毡。1993 年 11 月 2 日，当中共中央召开"学习《邓小平文选》第三卷报告会"，胡锦涛宣读了《中共中央关于学习〈邓小平文选〉第三卷的决定》，江泽民发表了重要讲话的时候，作为邓选出版工作的参与者，我颇感欣慰，心理压力也有所减轻，但对质量的担心并未消除，心理压力仍然不小。尽管我们竭尽全力了，结果还是未能确保无误。就在邓选三卷出版发行的当天晚上，我们接到上海同仁打来电话，指出《邓选》第三卷第 194 页有个别字——"法律"的"律"错为"津"。我听了以后如五雷轰顶，心里感到十分愧疚。为尽量挽回影响，减少损失，我们当即给各租型的出版社和新华书店发了"更正启事"电函。同时，向新闻出版署写了检查报告，并由我组织七位同志马上将邓选第三卷从头到尾再通读一遍，检查还有无其他错误，所幸其他错误没有发生。此一失误，警示了我们对以后的第一、二卷再版工作更加小心谨慎，使类似失误没有再次出现。三卷出齐一个月以后，我才感到如释重负。尽管出了以上差错，新闻出版署对我们的工作仍给予了充分的肯定。第三卷出版以后不久，新闻出版署就召开了有中宣部部长郑必坚出席的《邓小平文选》第三卷出版工作表彰会，给人民出版社颁发了奖旗；1995 年，邓选还获得了"第二届署直属出版社优秀图书奖"编辑一等奖。当我代表出版社领取奖旗的时候，激动心情油然而生。

为了深入贯彻党中央关于认真学习《邓小平文选》的决定，方便广大读者对邓选的学习和研究，在邓选纸质图书出版发行以后，人民社又组织出版了邓选电子书。先是与北京大学火星人公司合作开发了《〈邓小平文选〉电子版·全文检索系统》，三卷出齐以后，又出版了该公司制作的《〈邓小平文选〉电子版1—3 卷合订本》；后来又与北京金远见电脑技术有限公司联合制作了《〈邓选〉（第三卷）卡片型电子版》。电子图书当时在国内还是新鲜事物，制作国家领导人著作的电子图书，尚属首次，因此在当时产生了很大反响。记得 1994 年 2 月 5 日在新闻出版署 9 楼会议室召开《〈邓小平文选〉第三卷电子版·全文检索系统》演示会时，北京大学校长吴树青、文献室邓小平研究组副组长兼著作小组组长冷溶、新闻出版署副署长谢宏等都到会观看，吴树青、冷溶还分别发表讲话对电子版给以充分肯定。文献室副主任龚育之得到电子版后，也曾赞许它对邓选的学习研究提供了很大方便。

《邓小平文选》是建设有中国特色社会主义的经典文献，是当代一部重要的政治、经济、文化巨著，它不但惠及中国人民，也将影响全世界，我们认为应当及时地介绍到国外。在邓选第三卷出版后，我们积极向国外出版界朋友介绍，于 1994 年 3 月 2 日与韩国汎友出版社签订了邓选第三卷在韩出版协议，使邓选首次在国外出版发行。

邓小平是伟大的马克思主义者，是我国改革开放的总设计师，他的伟大著作特别是邓选第三卷对中华崛起和复兴起了无可估量的历史作用，能够亲眼见证并亲身参与这部伟大著作的出版，我感到无比的荣幸，同时也分享到了对这部伟大著作的先睹之快。尽管自己在其中所起的作用微不足道，但其意义非自己一生其他经历可比，这段时光，永远值得回忆。

2011 年 4 月 17 日

《世界文明大系》问世前后

1999年初，我到社科出版社上任后不久的一天，一位本社退休的老编审黄德志同志在社科书店告诉我说，有一套《世界文明书系》要交给我社出版，并约我一起拜见这套书的总主编、原社科院常务副院长汝信同志。我听后异常兴奋，凭自己多年出版工作生发的一点儿悟性，立即意识到这是一套极有价值的著作，不但会创造社会效益，也会给我社创造经济效益。我当即让老黄跟汝信同志约定时间会面，并嘱咐她说：一定要把这套书抓住，作者要什么条件给什么条件。

老黄办事非常麻利，当天晚上就把汝信及几位参与《书系》项目的骨干学者与我们约到一起面谈了。面谈中，对方向我们详细介绍了这套丛书项目的来龙去脉，并就丛书的出版对我社提出了一些要求。汝信等同志非常谦逊大度，对我社所提的要求完全实事求是、出以公心，是我们百分之百都能接受的，这使我很受感动，我和副总编辑当场表示同意，并保证全力以赴配合作者把书出好。就这样，《书系》荣幸地花落我社。

《世界文明书系》出于"世界文明研究"课题项目。该项目是由社科院外国文学研究所研究员、印度文学理论专家倪培耕首先动议，汝信和社科院世界历史所前副所长、著名历史学家陈启能，社科院哲学所原所长、《哲学研究》主编陈筠泉首先支持，报经批准的国家社科基金重点项目。其课题组由汝信任组长的40几位专家学者组成，他们来自中国社科院、上海社科院、华东师大、东北师大、南开大学等多家学术单位，分别从事文学、哲学、历史、宗教、政治等专业。研究分为12个专题，包括：儒家文明、欧洲文明、美国文明、加拿大文明、犹太文明、伊斯兰文明、印度文明、日本文明、斯拉夫文明、拉丁美洲文明、非洲文明、古代西亚北非文明。研究的成果为每个文明一部专著，共12部专著。这12部专著组成一套丛书出版，丛书原名为《世界文明书系》。鉴于世界文明研究课题项目重大，成书卷数较多、篇幅厚重（每部书约30万字、50幅插图，共约400万字、600幅插图），因此我建议书名改为《世界文明大系》，课题组欣然同意了。

《大系》签约之后，我社上上下下都非常重视，从编辑加工到校对、设计、印制，每个环节都精益求精，务求做成精品。在出版过程中，与课题组的代表倪培耕、陈启能两位专家多次磋商，也及时征得汝信同志的意见。对方还邀请我们几位有关人员参加他们的课题研讨会和由他们组织的"世界文明论坛"第一次国际学术讨论会。经双方共同努力、密切配合，2004年3月12日，《世界文明大系》12卷全部出齐，宣告这项有重大价值的学术工程胜利完成。

文明问题历来是国内外学界、政界、文化界十分关注的重大问题。冷战后，西方一些理论家加强了文化战略研究，从文明的视界阐述世界格局和国际形势的变化，为西方国家的经济政治军事发展战略提供理论依据。美国政治学家亨廷顿提出"文明冲突论"，宣称整个世界正在进入一个"文明冲突"的时期；美籍著名学者福山提出"历史终结论"，宣称冷战的结束实际上是以西方自由主义的普及为标志的历史的终结。更有人赤裸裸地主张以西方文明为全球的"主流文明"，以西方的价值观支配国际政治。这显然是荒谬的。西方理论家的这些言论，向我们提出了一个需要迫切回答的重大问题，就是应当怎样看待世界文明，正确地回答这一问题，就成了摆在我国理论家面前的重大任务。汝信等 40 余位中国专家不负众望，自觉地担当起这一重任，他们在掌握了大量研究资料和国外成果的基础上，同心协力，跨学科精心钻研，历经十年，终于拿出了圆满的研究成果——《世界文明大系》，提出了中国人自己对世界文明的系统的科学的看法，对上述西方的言论作出了铿锵有力的回答。

《大系》开了中国人对世界文明进行总体观照之先河，它第一次系统地、全面地审视和评述了世界每个文明的起源、发展、演变和现状，表达了中国学人自己的马克思主义科学的世界文明观。是到当时为止国内出版的有关世界文明问题的最全面最有分量的著作。它针对西方的某些谬论，用丰富的历史事实说明：各个文明都是历史的产物，都有其自身的优缺点，都在不同的历史时期和不同的历史条件下起过一定的历史作用。不同的文明在历史上的作用有大有小，但并不存在一种十全十美的或者一无是处的文明。各个文明发展的过程不是孤立的，彼此之间有冲突，但更多的是相互影响、相互渗透乃至交融互变。在当前，不同文明之间的共处同存应是发展主流。书中对遭受西方蔑视的非洲文明和拉丁美洲文明给予了充分肯定的评价，否认了西方的所谓"非洲无文明"等错误看法。《大系》的这些重要观点，大大加强了发展中国家对本民族文明的自信心，对世界文明的和谐发展和国际新秩序的确立有着十分积极而深远的意义。

　　正因为如此,《大系》问世以后,受到国内外学术界的广泛关注和好评,特别是引起了发展中国家强烈的积极反响。

　　在前七卷(《古代西亚北非文明》、《伊斯兰文明》、《非洲文明》、《拉丁美洲文明》、《犹太文明》、《日本文明》、《儒家文明》)出版后,中国社科院于1999年12月24日召开了院世界文明比较研究中心成立大会和《世界文明大系》报告会,除王忍之副院长、任继愈、丁守和等数十位中国著名学者专家与会以外,以色列、古巴、墨西哥、南非等来自亚洲、非洲、拉丁美洲一些国家的驻华大使及使馆外交人员多人也出席了会议。2003年2月12日社科院外事局召开出版座谈会,有国内30多位专家学者出席。姚介厚、钱满素、资中筠、姜梵等著名专家学者及俄罗斯文化参赞先后发言。《世界文明大系》12卷全部出齐之后,2004年3月13日,全国哲学社会科学规划办公室、中国社科院科研局和我社又联合召开出版座谈会,中宣部副部长雒树刚、中国社科院副院长李慎明以及任继愈、邢贲思、罗国杰、陈筠泉、李学勤、陈乐民、何兆武、汤一介、姚介厚、乐黛云等著名专家学者在会上讲话发言,对这套丛书给予了高度评价,认为它有重要的理论和现实意义。与会者都从这套丛书中领悟了这样的共识:各国文明的多样性,是人类社会的基本特征,也是人类进步的动力。世界各种文明应长期共存,在竞争比较中取长补短,在求同存异中共同发展。

　　《世界文明大系》受到了广大读者的欢迎,首版7000套很快销售一空。该丛书出版后,以课题组为基础建立的中国社科院世界文明比较研究中心又与其他出版社合作出版了《世界文明图库》和列入"十一五"国家重点图书出版规划的《世界文明通论》,将世界文明这个重大课题的研究又向前推进了一步。《世界文明大系》是国内第一次全面研究世界各大文明的开山之作，是以马克思主义为指导科学研究世界文明问题的系列专著，它对文化理论界关于世界文明问题的研究发挥了历史性的启迪作用。

2011 年 7 月 25 日

后　记

　　本书的文字多是在不经意间留下的记录，记录了我在22年出版生涯中的一些工作实情和感悟体会。原本"无心插柳"，没有意向将之集结成书，然近年来党中央一再强调"三贴近"、"走基层"，基层工作越来越受到重视，这使我终于鼓足勇气将这些过去不敢登"大雅之堂"的草根文字成书出版了。

　　这本书在一定意义上可以说为我前半生"为他人作嫁衣裳"的本职工作画上了一个句号，留下它作为纪念，我就如愿以偿了，倘能给基层出版工作提供一些参考，特别是给出版新人提供一点儿帮助，那应该是成就了我的奢望了。

　　衷心感谢对此书的出版给予支持和付出辛劳的社科出版社各位同仁。

作者

2011 年 10 月